insel taschenbuch 3196
Marco Lodoli
Inseln in Rom

Marco Lodoli
Inseln in Rom

Streifzüge durch die Ewige Stadt

Ausgewählt und aus dem
Italienischen von Gundl Nagl

Insel Verlag

insel taschenbuch 3196
Erste Auflage 2006
Insel Verlag Frankfurt am Main und Leipzig
© Marco Lodoli 2003
Für die deutsche Ausgabe:
© Carl Hanser Verlag München Wien 2003
Lizenzausgabe mit freundlicher Genehmigung
des Carl Hanser Verlags München Wien
Alle Rechte vorbehalten, insbesondere das des öffentlichen
Vortrags sowie der Übertragung durch Rundfunk und Fernsehen,
auch einzelner Teile.
Kein Teil des Werkes darf in irgendeiner Form
(durch Fotografie, Mikrofilm oder andere Verfahren)
ohne schriftliche Genehmigung des Verlages reproduziert oder
unter Verwendung elektronischer Systeme verarbeitet, vervielfältigt
oder verbreitet werden.
Hinweise zu dieser Ausgabe am Schluß des Bandes
Vertrieb durch den Suhrkamp Taschenbuch Verlag
Umschlag: Michael Hagemann
Druck: Druckhaus Nomos, Sinzheim
Printed in Germany
ISBN 3-458-34896-4

1 2 3 4 5 6 – 11 10 09 08 07 06

Inseln in Rom

In Rom kippen uns die barocken Kirchen Himmel, von Cherubinen und Heiligen wimmelnd, in die Augen, Firmamente, die von an Wolken geklammerten Geschöpfen überquellen, Fluten von Bildern, dazu gedacht, zu verblüffen und zu bezeugen, daß das Leben ein erstaunliches Theater ist, in dem alles sich aus unerforschlichem göttlichem Willen im Gleichgewicht hält. Da gilt es nichts zu begreifen, sondern nur mit offenem Mund vor dem geheimnisvollen Gepränge der Schöpfung zu verharren. Aber wir, Kinder der modernen Zeit und der Nüchternheit, sind nicht leicht in Erstaunen zu versetzen, wir betrachten diese Himmel mit dem getrübten Auge dessen, der meint, alles zu wissen und jeden Taschenspielertrick aufdecken zu können. Aber es gibt eine römische Insel, die ein ewiges Wunder birgt: dazu muß man die Kirche am Corso Vittorio Emanuele aufsuchen, die in der Stadt seit jeher Chiesa Nuova genannt wird, wobei ihr richtiger Name allerdings Santa Maria in Vallicella lautet. Der Platz davor wurde vor kurzem unter dem Wirbel der üblichen Polemiken saniert, aber darum geht es uns diesmal nicht: wir halten geradeaus und betreten das Halbdunkel des Hauptschiffs aus dem 17. Jahrhundert. Im Hintergrund, über dem Hochaltar, erscheint ein großes Tafelbild von Peter

Paul Rubens. Vermutlich ist es kein Meisterwerk des flämischen Künstlers, der auch in Rom viele wichtige Werke schuf, zumindest vom Standpunkt der Kunstgeschichte aus. Uns aber, die wir auf der Suche nach dem verlorenen Staunen sind, macht diese Malerei schwindeln. Das große Bild enthält ein viel kleineres Bild: eine Madonna mit Kind, goldgerahmt und im Auffliegen von einem Schwarm kleiner Engel gestützt. Andere Engel bewundern von unten die Himmelfahrt dieser wundersamen Ikone. Aber damit nicht genug: Jeden Samstag, zur selben Stunde, wird dieses Bild hochgezogen, wie eines dieser kleinen Fenster an den Kärtchen des Tombolaspiels, und darunter erscheint eine viel ältere Madonna mit Kind, ein Gnadenbild, um das herum die ganze Kirche errichtet wurde. Es ist also ein Bild, das ein Bild enthält, das ein Bild enthält. Es ist wie der Hinweis auf eine Zählung, die ins Unendliche geht, ein wundersamer Stein, der, auf das Wasser der Jahrhunderte prallend, das Geheimnis der Mutterschaft bis zu uns, winzigen Wasserpfützen, bringt, in unsere überraschten Augen saust und darüber hinausfliegt.

Uns fortstehlen, das ist es, was wir gerne tun: nur fort von der »*maddening crowd*« und aufs Geratewohl um eine Ecke biegen, in einen Hof hineinspähen, zwischen den Steinen der Stadt auf der Suche nach einer verborgenen

Insel herumstöbern. Heute ist Sonntag, und eine Menschenwoge schwappt zwischen Campo dei Fiori und Piazza Farnese hin und her, nahe beieinanderliegenden Plätzen, die gut die zwei Seelen unserer Stadt widerspiegeln, volkstümlich und aristokratisch, frech und formell, lärmend und verschwiegen. Die Tische vor den Kaffeehäusern quellen über von Leuten, die Tageszeitungen durchblättern und gleichgültig die letzten Neuigkeiten und die milde Wärme der Novembersonne in sich aufnehmen. Aber vielleicht verspürt ja doch noch jemand Lust dazu, sich etwas länger in den Schatten fortzustehlen. Und so könnte er ganz leicht bei San Girolamo della Carità anlangen, einer Kirche am Beginn der Via di Monserrato, und solcherart das am wenigsten bekannte Werk von Francesco Borromini entdecken. Ganz bestimmt kennen die Römer die kühnen Linien von San Carlino und Santa Agnese, ganz gewiß haben sie irgendwann einmal erstaunt zum Turm von Sant'Andrea delle Fratte emporgeblickt und zur spiralförmigen Zuckertüte von Sant' Ivo alla Sapienza: aber die erste Kapelle rechts in San Girolamo ist um nichts weniger aufregend. Für die Verstorbenen der Familie Spada hat Borromini hier einen außerordentlichen kleinen Laden dauerhafter Stoffe ersonnen: eine unendliche Mustersammlung von vielfarbigem Marmor, der eine von einem fröhlichen Tapezierer verwaltete jenseitige Welt vorstellbar macht, eine Ewigkeit aus frühlingsbunten

Seiden und Teppichen, auf denen man herumtollen und Purzelbäume schlagen kann, unbeschwert von dem Gedanken an den Tod. Der Tod, von hier aus betrachtet, ist kein furchteinflößendes Tor mehr, das man zitternd und betend durchschreiten muß, sondern ein leichter und bunter Vorhang, durch den man das neue Leben, das uns erwartet, erspähen kann. Und vor der Kapelle erhebt sich die bizarrste Balustrade, die man jemals gesehen hat: keine strengen Säulchen, keine eisige Betbank, um die Ellenbogen darauf aufzustützen und Vergebung für tausend Sünden zu erflehen, sondern zwei sympathische Engel – eindeutig die tüchtigen Verkäufer des Geschäfts –, die zwischen sich als Stoffrest ein kostbares marmornes Tuch mit roten Streifen ausbreiten, eine Draperie, die wie das prächtige Zielband einer glücklichen Existenz anmutet. Wenn Gott uns mit diesem Maß messen sollte, werden wir, ob im Himmel oder in der Hölle, auf jeden Fall sehr elegant sein.

Wie schwierig es doch geworden ist, Freunde zu treffen! Die Stadt scheint ein Schlachtfeld, unmöglich zu überqueren, eine Schranke aus vibrierenden Blechkisten und schlechter Laune, die dazu herausfordert, dort zu bleiben, wo man ist, im eigenen Viertel, im eigenen Wohnblock, im eigenen Nest. Wenn man zu einer Verabredung aufbricht, ist man schon von vornherein vollkommen verspätet, eingeschmolzen in den Lavastrom aus Autos, der um einen herum erstarrt, ja, man bereut bereits die verschrobene Idee, sich in einem Café mit einem Freund wiedertreffen zu wollen, den man seit längerem aus den Augen verloren hat. Und wiederum wird neue Zeit verstreichen, und vielleicht liegt die Schuld daran nicht nur bei diesem Knäuel aus Metall und erstickendem Smog, es ist das Leben selbst, das uns daran hindert, in aller Seelenruhe mit einem lieben Freund zu plaudern: jeder von uns hat tausend Dinge zu tun, und die Verabredung entfällt, wird auf die nächste Woche verschoben oder auf den Monat danach oder auf das kommende Jahr, wenn wir ein wenig Zeit finden werden, die wir uns selbst widmen. Es endet damit, daß man sich endgültig aus den Augen verliert oder sich zufällig trifft, in einer Straße der Innenstadt oder auf einem Fest, wobei man dann verlegen ist, weil man nicht dazu imstande war, das Treffen auch wirklich zu wollen. Das sind Begegnungen, die der endgültigen Trennung vorausgehen. Deshalb ist die Insel dieser Woche dem unfehlbaren Stelldichein gewidmet, an der Krümmung, an der sich seit Jahrtausenden – unvermeidbar und in Liebe – Aniene und Tiber vereinigen. Dazu muß man Ponte Milvio hinter sich lassen, Viale di Tor di Quinto bis zur Olimpica-Überführung durchfahren und gleich danach in eine kleine Straße nach rechts einbiegen. Dann heißt es noch, ein Zigeunerlager und zehn Sportplätze links hinter sich zu lassen, um endlich bei einem Tennisclub anzulangen, der »La Mirage« heißt. Laßt uns unauffällig eintreten und auf das kleine Restaurant zugehen, das am Fluß liegt: die Suche ist noch nicht zu Ende, man muß noch eine Glastür und eine kleine gepflegte Rasenfläche passieren, um sich endlich über ein hölzernes Geländer beugen zu können: von hier aus sieht man die beiden Flußläufe ihr Wasser einträchtig miteinander vermengen, heute wie immer schon, Sekunde auf Sekunde, ob sie Hochwasser führen oder halb ausgetrocknet sind oder aber auch trübe und aufbrausend wie wir, aber treuer als wir im Einhalten einer Verpflichtung. Und im Anblick dieser Vereinigung laßt uns einen Kaffee trinken, vielleicht in Gesellschaft eines alten Freundes, und nach Worten suchen.

Die Bewohner vieler Gegenden Roms haben gewiß die allerbesten Gründe dafür, die Stare zu verabscheuen, die sich auf den Bäumen ihrer Straßen niederlassen. Zuweilen erblickt man geparkte Autos, die gänzlich vom Kot der Vögel überzogen sind, und ich stelle mir vor, daß manche Reinigungen sich durch das Putzen bekleckerter Sakkos und Mäntel goldene Nasen verdient haben. Vom Vogelmist betüpfelt, wird der Asphalt rasch zur Zirkusarena, in der viele unfreiwillige Clowns sich überschlagen und dabei Knochenbrüche und Kopfstöße riskieren. Man kann also den Eifer, mit dem Bürger und Stadtverwaltung der Invasion der Gefiederten entgegenzutreten suchen, nicht rügen. Jene finden wiederum in der Stadt Millionen Brotkrümel und die Bequemlichkeit warmer Zentralheizungen vor und verspüren keine Lust, umzukehren, um auf freiem Feld zu frieren. Aber es ist schön, an manchen Morgen Pflichten und Probleme zu vergessen und stehenzubleiben, um diese mitten im Blau und in den Wolken fliegenden Inseln zu bestaunen. Sie scheinen eine Laune der Luft, leichte und perfekte Kunstwerke, durch die uns die Geflügelten eine Weile für jede Erdenschwere entschädigen. Es ist wie das Betrachten von Wellen und Feuer, ein Spektakel, an dem man sich nie satt sieht: die Reihen der Vögel öffnen sich zum Fächer, schließen sich wieder, von einer Seite senkt sich der himmlische Schatten nieder, auf einer anderen bäumt er sich wieder auf, das sind dann Wirbel und Schleier, Kapriolen und Schnörkel, und auch dieses Bild hält nicht einen Augenblick still und bleibt keinen Augenblick gleich. Es kommt einem vor, als würde man das Auge an das Kaleidoskop drücken, das uns als Kinder so sehr bezaubert hat: es ist eine unaufhörliche Metamorphose, etwas, was, einer harmonischen Ordnung folgend, ewig auseinanderfällt und sich wieder zusammensetzt. Was vielleicht wenige wissen und was mir von einem Experten des Phänomens garantiert wurde: diese wundervollen Figuren entstehen nicht durch Lust und

Laune der Vögel. Wären wir in der Lage, alles aus größerer Nähe zu beobachten, würden wir am Rande dieses luftigen Turniers das grausame Pünktchen eines Wanderfalken erblicken. Auch er ist von den Hügeln in die Stadt hintergezogen, aber er sucht kein Brot, sondern rohes Fleisch. Allein macht er sich auf die Jagd nach einem dieser kleinen Vögel, und nun verteidigen sich die Starenschwärme dadurch, daß sie sich im Himmel, je nach Attacke des Raubvogels, drehen und wenden. Jede Schönheit hat also den Schmerz an ihrer Seite, jedes Kunstwerk ist immer ein Kampf gegen den Tod.

Nach dem Getöse zum Jahreswechsel, nach dem endlosen Trommelwirbel vor dem Aufschlagen einer neuen Seite im Kalender, nach der ohrenbetäubenden Knallerei, den Megakonzerten im Freien und den Botschaften an die Nation und an den ganzen Erdkreis machen wir uns auf, eine Insel der Stille zu suchen, eine Insel aus Stein und Watte, die seit Jahrhunderten der Flut der Geschwätzigkeit widersteht. Es ist die Kirche der Santissimi Quattro Coronati, in der Straße gleichen Namens, um kein weiteres Wort zu vergeuden. Auf der schmutzigen Wiese vor dem Klosterkomplex irrt eine arme Verrückte herum, die in einer elenden Behausung aus Pappe lebt: manchmal zeigt sie sich nackt, auch im Winter, und das ist so, als würde sich in ihrem Leib die Qual der ganzen Welt ausdrücken. Jenseits dieser Qual, jenseits dieser schrecklichen Pforte, öffnen sich zwei stille Höfe. Im ersten befand sich bis vor wenigen Jahren ein Institut für taubstumme Frauen, im zweiten ist die Pförtnerloge der Augustinerinnen untergebracht, Klausurschwestern. Früher dachte ich, daß die Klausur ein nicht zu rechtfertigender Rückzug aus der Welt sei, daß bloß Gewalt und Ignoranz junge Frauen dazu zwingen könnten, für nichts auf alles zu verzichten. Jetzt verstehe ich, daß die Aufgabe dieser Nonnen kostbar ist: es ist eine Energie, die wächst und sich nicht verschwendet, eine Zisterne aus reinem Wasser, um darin das eigene aufgewühlte Bild zu spiegeln und zu besänftigen. Wenn ich mich ganz besonders konfus fühle und hundert Hände ohne Grund an mir zerren und reißen und, wie der heilige Augustinus sagt, »die Seele sich in Gespenster ohne Zahl vervielfacht«, lasse ich alles stehen und liegen und gehe den Nonnen zuhören, die in der Apsis der Kirche manchmal nur für mich singen und gewiß sehr oft für gar niemanden. Dieses Zuhören ist viel wirkungsvoller als jeder Trank aus der Apotheke, es ist ein aufmerksamer und abgehobener Friede, ein Eintauchen in die Düsternis der eigenen Gedanken, die sich nach und nach auflösen und so klar werden, daß sie durchsichtig erscheinen, leicht, oft sogar überflüssig. Jeden Tag singen die Schwestern zur dritten Stunde, zur sechsten, zur neunten und die Vesper, es ist also für den, der vorüberkommt, nicht schwierig, sie zu hören. Vom linken Seitenschiff aus erreicht man dann einen wunderschönen Kreuzgang aus dem 13. Jahrhundert, der aufs Restaurieren oder aufs Zerfallen wartet: das Abschreiten des Säulengangs umfaßt nicht mehr als ein paar Dutzend Meter, ein kleiner und stummer Äquator, der den unsinnigen Lärm des Planeten umhüllt und wieder in Harmonie verwandelt.

Die Nacht sollte das Reich der Unterschiedslosigkeit sein, der Zeitraum, in dem Gestalten und Rollen sich auflösen, in die uns das Tageslicht zwängt. Die Dunkelheit sollte es uns erlauben, kurz aus uns herauszutreten und die anderen außerhalb jener täglichen Theatervorstellung zu treffen, in der jeder seinen vorgeschriebenen Part hat. Leider wurden auch diese Stunden verworrener Freiheit durch Zünfte erobert, und so konnte es geschehen, daß man sich betrübt als Fremder in Lokalen wiederfindet, die ausschließlich von selbstgefälligen Freiberuflern bevölkert sind oder von abgerissenen Alternativen oder von ausgelassenen Schwulen oder von angehenden Tangotänzern oder von arbeitslosen Filmschaffenden. Jede Gruppe verfügt über ihre Örtlichkeiten, die es eifersüchtig zu verteidigen gilt, so wie die Pinguine ihre Eisschollen und die Bienen den Bienenstock verteidigen. Aber zum Glück existieren doch noch Freihäfen, wo der Pinguin und die Biene dicht nebeneinander trinken können. So etwa die Bar Castellino auf der Piazza Venezia, die immer offen hat, die aber besonders in der Nacht, gegen vier Uhr, fünf Uhr, zum wahren Niemandsland wird, Insel des Tages danach und des Tages davor, ein Meridian, überschritten von den vielen Parallelexistenzen, die unsere Stadt durchkreuzen. Hier streben die Nachtschwärmer und die Einsamen zusammen, die, die sich noch nicht schlafen legen wollen, die, die schon aufgestanden sind, und die, die nie zu Bett gehen: Tabaksüchtige auf der verzweifelten Suche nach Zigaretten, Studenten auf der Jagd nach der letzten Ausgabe von *Zagor*, Transsexuelle und Straßenkehrer, die gerade Pause machen, Alte mit ihrem blasenschwachen Hund, glitzernde Frauen und Herren im Smoking, auf der Heimkehr von irgendeinem Fest, Vagabunden, immer noch durstige Polen, exaltierte Mädchen, Japaner, die es in ihrem Hotel nicht mehr ausgehalten haben, zerbrochene Herzen und Liebespaare, verlorene Seelen. Die Bar Castellino bietet sich als vorübergehender Unterschlupf für alle an, gleich einem zerlumpten Madonnenschutzmantel: und das, was jeder ist, so viel oder wenig es sein mag, wird in den unglaublichsten Gesprächen ausgetauscht. Es beginnt damit, daß einer sagt: »Es ist ein bißchen kalt heute«, und endet bei Gesprächen über die großen Weltsysteme, man wagt schwindelerregende Inhaltsangaben des eigenen

Lebens und des Laufs der Welt, man lauscht unerhörten Begebenheiten, man schmiedet gemeinsame Pläne und verabschiedet sich für immer. Im Herzen der Nacht, in dieser Bar, werden die tausend Ängste des Tages zu einer einzigen lauteren Zuversicht.

Das berühmteste Bild von Arnold Böcklin, der in der zweiten Hälfte des 19. Jahrhunderts viele Jahre in Rom gelebt hat, heißt *Die Toteninsel* und ist eine vollkommen düstere Darstellung, eine gespenstische nächtliche Vision, die einem Schauer einjagt. Auch die Insel dieser Woche könnte diesen Titel tragen, es handelt sich nämlich um einen Friedhof, aber er ist der heiterste Friedhof, den man sich wünschen kann, ein Garten hoch über der Stadt, wo es schön ist, spazierenzugehen und nachzudenken. Wenn man die Via della Camillucia herunterkommt, biegt man in eine unscheinbare kleine Gasse ein, die Via di Casali di Santo Spirito heißt. Man verfolgt sie bis an ihr Ende und läßt dabei einen Spielplatz und eine kleine freie Fläche hinter sich, auf die die Hunde zum Auslauf geführt werden: man findet ein mächtiges Tor und auf Säulen zu seinen Seiten die geteilte Aufschrift: »CIMITAIRE MILITAIRE FRANÇAISE/CAMPAGNE D'ITALIE 1943-1944«. Jenseits dieses Gittertores erhebt sich ein von Olivenbäumen und Zypressen begrünter Hügel, und auf dem immer dichten und gemähten Rasen reihen sich die Gräber der französischen Soldaten, die während des Zweiten Weltkriegs in Italien gefallen sind. Es waren alles junge Männer, das erzählen uns die auf den Grabsteinen eingravierten Namen, zwanzig oder kaum älter, auf dem Garigliano, auf der Chiusa di San Michele, auf dem Monte Majo zu Tode gekommen. Und es ist überraschend, zu sehen, wie viele von ihnen unter dem Zeichen des islamischen Halbmonds begraben sind, wie viele Omars, Achmeds, Mohammeds hier für unsere Freiheit sterben mußten. An sie erinnern wir uns nur im Zusammenhang mit der brutalen Szene im Buch und im Film *La ciociara*, in der Mutter und Tochter von marokkanischer Soldateska vergewaltigt werden. Aber diese Gräber erzählen auch die schmerzliche Geschichte Hunderter armer maghrebinischer Infanteristen, die gelitten haben und für immer hiergeblieben sind. Die Kreuze für die französischen Franzosen und die Offiziere liegen weiter oben, mehr an der Sonne, nach einer gänzlich irdischen und wenig verständlichen Hierarchie. Man geht schweigend zwischen diesen fremden Namen einher, bis man einen wunderschönen Ausblick auf die Stadt vor sich hat. Im Rücken liegt die ferne Qual der Geschichte, vor den Augen, dort unten, das lebendige Treiben Roms, aber auch das scheint so fern wie die schneebedeckten Berge am Horizont. Und dazwischen sind jetzt wir, um das alles aufzunehmen.

Seit Jahrhunderten ist eine steinerne Barke vor der Insel dieses Sonntags vertäut: es ist die berühmte Navicella auf dem Celio, die, wie durch Ansteckung, auch der gegenüberliegenden Kirche den Namen gibt. In Wirklichkeit heißt diese Kirche Santa Maria in Domnica und wurde 1513 unter Kardinal Giovanni de' Medici, dem späteren Papst Leo X., restauriert. Kaum in der Kirche, findet man, wenn man hochblickt, keine gefiederten Seiltänzer, barocken Wolken, von Blau und Gold glühende Fenster, nicht das atemberaubende Schauspiel, in vielen römischen Kirchen dazu bereitet, die Zweifelnden vom Glauben an das Wunder der Schöpfung zu überzeugen, an den Gott, der aus Barmherzigkeit alles im Gleichgewicht hält. Man wird vielmehr eine Decke aus hellem Holz erblicken, die mehr an den Schreiner von nebenan als an die großen Künstler der Renaissance denken lassen wird oder an die Tafelbilder und an die Holzplastiken eines alten Borzelli aus den zwanziger Jahren des 20. Jahrhunderts. Dann aber wird man merken, welch außergewöhnliche Bilder in dieses Holz geschnitzt sind, ebenso einfach wie geheimnisvoll, jedes für sich in einem Rahmen, als hätte man einen großartigen Stoß Tarockkarten an die Decke geklebt. Es sind zum Großteil Veranschaulichungen der lateinischen Benennungen der Jungfrau Maria, in den Litaneien gebetet, die den Rosenkranz beschließen: Turris Eburnea, Refugium Peccatorum, Stella Matutina und andere, alle die

Wände entlanggeschrieben, am besten laut zu lesen, weil sie so schön sind. Aber die Familie Medici war tief mit neuplatonischer und pythagoreischer Kultur vertraut, und deshalb scheint es, daß viele dieser nüchternen Symbole – Bäumchen, Brunnen, Tempel und Türme – auch auf die immanente Herrschaft der Archetypen verweisen, auf diese primären, beunruhigenden Visionen, die wir mitunter im Traum produzieren. Alle Bilder überragt das Bild eines Schiffs, das ein großes Haus trägt und in einem stürmischen Meer vorantreibt, aus dem bedrohliche Monster auftauchen. Vielleicht spielt es auf den wundersamen Transport des Hauses der Jungfrau Maria nach Loreto an, aber wenn wir es so von unten betrachten, kommt man nicht umhin, an unsere irdische Reise zu denken, an unsere unsichere Art und Weise, das Leben zu bewohnen. Wir vermeinen, auf der Erde zu stehen, durch feste Mauern verteidigt, durch beruhigende Gewohnheiten, und dabei sind wir mitten in den Wellen, immer vom Bösen belagert und fern jedem Hafen. Und doch fliegt über dem Haus aus Holz eine Taube, weiß von Hoffnung.

Die heutige Insel könnten wir, wie das im Märchen geschieht, Insel der zweiten Gelegenheit oder Insel des glücklichen Tausches taufen. Wie oft haben wir einen magischen Ort herbeigesehnt, um an ihm drei graue maue Tage unseres Herbstes gegen einen Frühlingstag einzutauschen. Bedauerlicherweise erlaubt das Leben keinen Umtausch. Jeder behält das Jetzt, das er hat, und der Morgen bleibt ein versiegeltes Paket. Aber in der parallelen Welt der Bücher, auf dem gasgefüllten Planeten der Literatur, ist dieser Tauschhandel manchmal möglich. Im Viale G. Mazzini, in der Nähe der Post, hält sich seit fünfzig Jahren die Buchhandlung von Herrn Offidani: zehn Quadratmeter, durch die alle Bücher dieser Welt kommen, eine Mühle der besonderen Art, zu der man die Worte bringt, die einem nicht gefallen, in der Hoffnung, dafür Worte zu gewinnen, die man lieben kann. Offidani weiß alles über die Bücher, es gibt keinen Band, den er nicht durchgeblättert hätte, von dem er nicht Herkunft und Bestimmung wüßte: ob das nun besonders wertvolle Inkunabeln oder Mondadori-Taschenbuchkrimis sind, seltene juristische Traktate oder Ferienlektüre, Atlanten oder philosophische Bände, er taxiert sie und stopft sie in die überquellenden Regale, nach einer Ordnung, die wir Durcheinander nennen würden. Man müßte einen Computer haben, und den gibt es hier nicht, aber auf ihrer weichen Festplatte besitzen manche menschlichen Gehirne mehr Speicherplatz als jeder kybernetische Elefant. Sie sind babylonische Bibliotheken mit unendlichen Leitern, um darauf jedes Wort aufzubewahren. Offidani und sein Kompagnon Gianni gehören zu dieser Rasse, sie vergessen weder, wo ein Buch liegt, noch, wo sich ein Blatt, ein Name befindet. Und so finden auch wir uns bisweilen in dieser papiernen Höhle ein, in der Hand drei flaue maue Romane, die wir zu Weihnachten geschenkt bekommen haben oder zum Geburtstag: sie stecken noch in der Zellophanhülle, aber wir fühlen auch so, daß sie für uns nicht taugen. Anderen werden sie gefallen, es gibt bestimmt jemanden, der sie zu einem günstigen Preis sucht. Wir würden sie für ein paar Groschen und ein kleines Gespräch weitergeben oder im Tausch gegen jenen frühlingshaften persischen Gedichtband, von dem uns vor vielen Jahren im Zug ein Unbekannter Gott weiß was für Wunder erzählt hat. Wir wissen einen Teil des Titels und vom Verfasser gar nichts. Offidani schweigt, wiegt den Kopf und zieht unter einer Enzyklopädie für Kinder genau diese Blume hervor. Welch schöner Tag, was für eine Freude.

Die Seele unserer Stadt ist flüssig: schäumend läuft sie den Fluß entlang, der sie durchquert, sie dringt in die antiken römischen Thermen ein, kräuselt sich genüßlich zwischen den Marmorsteinen der kühnsten Brunnen und bietet sich demütig aus den vielen Langnasen aus Gußeisen an, die es hier, über die Gehsteige verstreut, gibt. Klar und frisch, befreit das gute Wasser Roms die trockenen Kehlen vom Durst, erfreut durch seine barocken Kapriolen den Blick und erinnert an die Zeit, die verrinnt, durch die neue Zeit fortgespült, in ewigem Kreislauf. Die Insel dieser Woche ist eine ebenso einfache wie großherzige Quelle. Wenn es einen auf die Piazza San Salvatore in Lauro verschlagen sollte, so genannt nach dem Lorbeerhain, der hier vor vielen Jahrhunderten gedieh, so sieht man hier links von der vor kurzem restaurierten Kirche, in die Mauer eingelassen, den einzigen Brunnen für Hunde, den es auf der Welt gibt. Er geht auf das Jahr 1579 zurück und wurde von Papst Gregor XIII. gestiftet: ein barmherziges Rinnsal strömt dreißig Zentimeter über dem Boden aus dem Maul eines kleinen marmornen Löwen, der inzwischen, durch die Zeit verstümmelt und durch die Menschen mißhandelt, aussieht wie ein zerzauster Pudel. Eine lateinische Inschrift besagt: »So wie auf dem Campo Marzio ein Wolf, zutraulicher als ein Lamm, Aqua Vergine verströmt, fließt hier aus dem Maul eines Löwen, der scheuer ist als ein Zicklein, die durchsichtige Welle, von der Jungfrau geleitet.« Es ist schön, daß in Rom ein Brunnen dem verzweifelten Durst der vielen Herumtreiber gewidmet ist, die ohne Hütte und Futternapf umherirren. Und wenn man eines Abends kurz auf diesem Platz innehält, hat man vielleicht das Glück, so einen Streuner um eine Ecke biegen zu sehen, der auf dieses schmale Rinnsal zusteuert. Und dann wird das Denkmal endlich vollendet sein: Durst und Wasser, unbeweglicher Marmor und vor Dankbarkeit zitternder Hundeschwanz. Und der Gedanke wird zu den letzten Zeilen von *Alonso e i visionari*, dem wunderbaren Roman von Anna Maria Ortese, fliegen, in dessen Mittelpunkt die Figur eines Tieres steht, halb Puma, halb verirrter Hund, wehrlos und leuchtend wie Christus: »Das Leben – ebenso wie die Schatten aus dem Fernsehen – ist nie in unseren Zimmern, sondern anderswo. So durchforsche der, der das Hündchen suchen möchte, die Nacht, im Schweigen der Welt; er rufe es nicht, oder wenn, dann nur leise, er sollte aber immer darauf achten, das Wasser in seiner ärmlichen Schüssel zu erneuern. Unbemerkt wird es kommen.«

Die verwinkelten Straßen, die rund um die Insel dieser Woche liegen, tragen auf ihren Schildern die sonderbaren Namen von Söldnerführern oder Astronomen und Geographen: Fanfulla da Lodi, Brancaleone, Romanello da Forlì, Braccio da Montone, und weiter: Cosmo Egiziano, Pomponio Mela, Strabone. Unsere Vorstellungskraft verfolgt die weit zurückliegenden Taten eines Mannes, der, die Waffen in der Faust oder die Neugier in den Augen, versucht hat, die Weltkarten neu zu zeichnen, indem er neue Grenzen zog oder die Sterne verrückte. Es ist der ewige Kreislauf des Lebens, von dem man sich im Viertel Il Pigneto erzählt. Von der Unzufriedenheit dessen, der die Dinge nicht so hinnehmen wollte, wie sie sich darboten, sondern versuchte, sie zu formen, indem er seinem inneren Drang und seiner Erfindungsgabe folgte. Aber so wie in jedem bunten Kreisel der zentrale Punkt vollkommen in sich ruht, um die tausend Umdrehungen und die unendliche Unruhe der Bewegung zu stützen, hält der poetischen Unordnung dieses kleinen römischen Viertels ein Platz stand, der außerhalb der Zeit scheint. Es geht um den Platz, der Kopernikus gewidmet ist, ihm, der die Sonne ins Zentrum unseres Planetensystems gerückt hat. Es ist ein Ort, der De Chirico und den Meistern der Pittura metafisica gefallen hätte, wegen der Macht, die von der gänzlichen Leere um die Fülle des einzigen Hauses in der Mitte geschaffen wird. Jedesmal lande ich dort, wenn ich von der Casilina komme, und jedesmal wird mein Blick auf dieses Bild des 20. Jahrhunderts durch eine Ankündigung vorbereitet, die ihm um eine Minute vorausgeht: links überrascht mich immer der Anblick eines Geschäfts, das Schaufensterpuppen verkauft, Männer, Frauen und Kinder, für immer in einer einzigen Stellung fixiert, wie Uhren, die stillstehen. Sie könnten die Bewohner des durch das Licht und den Schatten der Piazza Copernico quadratisch gemusterten Gebäudes sein, halb Haus, halb Schloß, auf dem selbst die kleine Flagge aus Gußeisen, auf dem Turm gehißt, der Unbeweglichkeit geweiht ist. Und auch den Leintüchern, die auf der Terrasse hängen, scheint der Wind gleichgültig zu sein. Man bekommt Lust, sich auf die Bank in dem winzigen Garten zu setzen, der in eine Ecke des Platzes hineingezwängt ist, die Unruhe der Glücksritter und der gestreßten Geographen unserer Tage zu vergessen, das Feuer, das uns oft verzehrt, zu löschen, den Frieden dieses seltsamen Ortes zu erfahren und sich vorzustellen, wir seien Bewohner dieses Hauses, die sich lächelnd an seinen Fenstern zeigen.

Die Insel dieser Woche hält dem unerbittlichen Lauf der Zeit eisern stand. Es ist eine Insel, die, in über tausend blumengeschmückte Klippen zersplittert, über die Straßen der Stadt zerstreut ist, an den vielen Orten, wo ein Unfall die Fahrt irgendeines Menschen gestoppt hat. Jeder von uns kommt täglich an diesen Straßenaltären vorüber. Es ist nur für einen Moment: wir wenden den Blick, um einen Namen, ein Datum, ein Wort einzufangen, und schon reißt uns der Verkehr wieder mit sich fort. Und jedesmal ertappen wir uns dabei, daß wir darüber nachdenken, wie in nur einem einzigen Augenblick die Existenz einer Person vernichtet wurde, die noch einen Kilometer davor, hundert Meter davor, unendliche Pläne gemacht hatte, vom Sommer und von den Ferien träumte, Gas gab, um rechtzeitig zur Arbeit zu kommen, zu einem Stelldichein, nach Hause, und nicht ahnte, daß der Tod zehn Sekunden entfernt war. An den ersten Tagen nach der Tragödie ist der

verfluchte Ort von Blumen und herzzerreißenden Gruß-
worten, die Freunde hinterlassen haben, überschwemmt,
und da gibt es jemanden, der ein Bärchen aus Plüsch ans
Geländer bindet, den Schal des Lieblingsfußballvereins,
den Text eines Liedes. Es scheint, als würde es diese Gaben
immer geben, als würden diese Ecken ewig das Ziel einer
Liebeswallfahrt bleiben, als würde dieser private Kult alle
Personen, die durch denselben Trauerfall erschüttert wurden, vereinen. Aber die Blumen welken rasch, Sonne und
Regen zerstören das Spielzeug, und es bleiben nur noch
eine kleine Photographie, ein leicht schiefes Kreuz, ein
Name und ein Datum, dem es an Buchstaben und Ziffern
zu fehlen beginnt. Und nun denkt man, daß der Jemand
auf dem Motorroller vergessen wurde, denn »wer stirbt,
hat seinen Frieden, und wer bleibt, weiß sich zu trösten«.
Aber das ist nicht immer so. Beim Ponte Lanciani hat das
Leben von Lamberto sein Ende gefunden, ich war an dem
Morgen da, als sein Wagen über die Brüstung flog, das
wird so vor zehn Jahren gewesen sein. Ich kenne seinen
Namen, weil ich ihn lese, sooft ich hier vorbeikomme, und
ich weiß auch, wie er aussah, weil seine Photographie, im
Sonntagsanzug, neben den Worten einer Frau standgehal-
ten hat: »Du hast mich an einem Regentag verlassen, die
Sonne wird nie wieder scheinen. Komm und hol mich!«
Das sind Dinge, die man sagt, wenn der Schmerz unerträg-
lich erscheint, aber dann, das wissen wir, nimmt das Leben

seinen Lauf, ebenso wie der brausende Straßenverkehr. Heute aber habe ich auf diesem Grabstein wieder einen Strauß kleiner Rosen liegen sehen.

In dieser Woche enthüllt sich die Insel in einem Schrein aus Licht, gleich einer vermißten und wiedergefundenen Freude, wie der Frühling, der uns jedesmal von neuem überrascht. Es ist die Insel des arabischen Phönix, eines mythischen ägyptischen Vogels, der der eigenen Asche entsteigen und leicht in den Himmel der Wiedergeburt auffliegen kann. Vielleicht könnte er sich auf unseren von den Mühen des Winters gebeugten Schultern niederlassen, sie durch seinen legendären Gesang wiederaufrichten. Gehen wir ihm also entgegen, suchen wir diesen zauberischen Sperling dort, wo ihm eine antike Hand Form und Schönheit verliehen hat. Man muß bis zur Kirche Santa Prassede gelangen, versteckt in einer kleinen Gasse nahe Santa Maria Maggiore. Santa Prassede erlitt gemeinsam mit ihrer Schwester Pudenziana, der Patronin einer anderen Kirche hier in der Nähe, den Märtyrertod, und beide erscheinen häufig gemeinsam auf den wunderbaren polychromen Mosaiken, die an den Wänden funkeln. Es ist dies das bedeutendste Werk byzantinischer Kunst in unserer Stadt, eine Enzyklopädie heiliger Symbole, geschrieben mit dem Gold und den lebhaften Farben Tausender Mosaiksteinchen. Es zahlt sich aus, im Hosensack mehrere Fünfhundert-Lire-Münzen mit sich zu tragen, für die Beleuchtung der Zeno-Kapelle, nicht von ungefähr Garten des Paradieses genannt, und für die des großen Rundes der Apsis, um sich von all dem Glanz einhüllen zu lassen. »EGO SUM LUX«, besagt ein Schriftband in einer Nische, die das Abbild der Jungfrau mit dem segenspendenden Jesuskind enthält. Aber nachdem wir von so viel Licht geblendet wurden, entsinnen wir uns, warum wir hierhergekommen sind: Der arabische Phönix, wo ist er? Man stelle sich gegenüber der Apsis auf, suche links von dem riesigen Christus, wobei man über San Pietro hinwegblickt, der den Arm um die Schultern der Santa Pudenziana gelegt hat, zwischen den Wedeln der zierlichen Palme, dem Symbol des Sieges: hier hockt zusammengekauert unser Vogel, halb heiliges Wesen, halb Brathähnchen aus der Rosticceria, angeschmort durch die Hitze seiner unendlich vielen Auferstehungen. Man erkennt ihn vielleicht noch besser auf der Ansichtskarte, die es zu kaufen gibt, auch die um fünfhundert Lire. Er sieht aus wie jemand, der sich gerade erst wieder aus der Asche erhoben hat, wie wir, an diesem Sonntag am Rande des Winters. Er hat sich auf einem kleinen Ast niedergelassen und scheint in dem viel zu vielen Licht zu schwanken, aber morgen wird er, werden wir in die frische Luft Roms auffliegen.

Die Insel dieser Woche war einst grün und wundervoll, und heute sehe ich sie heruntergekommen wie einen lebendigen Organismus im Sterben, um den sich niemand mehr kümmert. Die Sportanlagen der Acquacetosa gehören zu den bezauberndsten Plätzen der Stadt, ein Ort der Ruhe, zwischen dem Lungotevere und der Olimpica eingeschnitten, zwischen den Dingen, die anderen Dingen hinterherrennen. Es war immer ein Vergnügen, das von den steinernen Adlern beschützte Tor zu durchschreiten, um sich in einem stillen Oval wiederzufinden, umgeben von den Bäumen und bedeckt vom Blau des Himmels. Die Athleten laufen, um für wichtige oder unwichtigere Kämpfe zu trainieren, für europäische Wettkämpfe oder für kleine Marathonläufe am Stadtrand, und alle suchen ihre Grenzen zu erreichen oder sie vielleicht um eine winzige Spur auszudehnen. Alle sind auf die Vollkommenheit der Bewegungen, die Leichtigkeit und die Harmonie aus, die auf dem Grund eines Meeres aus Schweiß liegen. Nach und nach verwandelt sich für viele die Plackerei in Anmut, in lange und entspannte Laufschritte, in ganz leichte Sprünge, während andere, die Ältesten unter ihnen, auf dem Zahnfleisch daherkommen und auch nicht einen Meter nachgeben wollen, in T-Shirt und kurzen Hosen gegen den Niedergang ankämpfen. Auch ich ging manchmal dorthin, um zu laufen, aber vor allem, um die prickelnde Luft einzuatmen, und dann setzte ich mich auf die Stufen und bewunderte das Schauspiel der Ottey, die über zweihundert Meter flog, von Tilli, der mit zunehmendem Alter immer schneller wurde, der tausend Dilettanten, die ihre Kräfte maßen und die alle ihren Wind dem Wind hinzufügten. Ich lief, ich saß, ich sah zu, und die Gedanken schweiften in die Ferne. Aber jetzt gehe ich eigentlich kaum noch in die Acquacetosa, weil die Ratten der Verwahrlosung die Reinheit dieses Ortes anzunagen begonnen haben und keine Katze dazwischenfährt. Die Tennisplätze wurden dem Unkraut überlassen, das sie auffrißt, daß die große Halle für das Schlechtwettertraining noch steht, ist ein Wunder, die Gebäude an den Rändern sind halbverfallene Hütten, die Laufpiste ist in Auflösung begriffen wie ein armseliger Teppichboden, während der Rasen dazwischen traurig vergilbt und die Umkleidekabinen nach Rache schreien. Die Leute laufen noch, aber jetzt denkt man dabei an müdes Blut, das durch einen im Zerfall begriffenen Körper fließt. Wenig würde genügen, diese kleine Insel vor dem schmutzigen Meer der Gleichgültigkeit zu retten: aber auch für dieses Wenige bedarf es der Augen und der Seele.

Die Insel dieser Woche ist ein kleiner Sonnenfleck auf einem Fußboden: das sieht wie nichts aus, und doch handelt es sich um die wundersame Begegnung zwischen menschlicher Intelligenz und der Bewegung der Gestirne, zwischen der kleinen Zeit unserer Erwartungen und der großen, die das Himmelsgewölbe trägt. In der Kirche Santa Maria degli Angeli auf der Piazza della Repubblica gibt es einen der größten Meridiane der Welt, vielleicht den allerschönsten. Das erste dieser immensen astronomischen Instrumente wurde von Ulug Beg, dem Enkel Tamerlans, in der Kirche Hagia Sophia in Konstantinopel konstruiert. Das sind legendäre Namen, die unsere Phantasie in eine Epoche zurückversetzen, in der die Sterne die Existenz der Menschen bewohnten und die Zeit noch nicht so eng an ein Uhrband gebunden war, sondern das kurze Erdenleben in ein unendliches Leben warf. Der römische Meridian wurde von dem Veroneser Francesco Bianchini entworfen, einem berühmten Astronomen, zudem Botaniker, Theologe, Philosoph und Mathematiker, und 1702 durch Papst Clemens XI. eingeweiht. Um sein Funktionieren voll zu begreifen, um zu verstehen, wie spät es ist, hätte man Jahre um Jahre in irgendeiner Klosterbibliothek verbringen müssen: Wir Heutigen, die wir davon nichts mehr wissen, begnügen uns mit dem Erstaunen, das die Reise des Sonnenstrahls auslöst, der sich, innerhalb der Öffnung eines hohen päpstlichen Wappens gebündelt, seit Jahrhunderten auf den Marmor des Fußbodens stürzt, präzise wie ein Laserstrahl. Die Mittagslinie ist eine Leiste aus Messing, 44 Meter lang, und wird rechts und links von herrlichen Mosaiken begleitet, die die Positionen der zwölf Sternbilder darstellen, dank deren die riesige Uhr auch erzählt, in welcher Jahreszeit wir uns befinden. Es überrascht, zu erfahren, daß es Zweck dieser ausgeklügelten Konstruktion war, das Datum für Ostern fehlerlos zu definieren, das, laut dem Konzil von Nizäa, »auf den Sonntag, der dem Vollmond folgt, der auf die Frühjahrs-Tagundnachtgleiche folgt, zu fallen hat«. Heute zerzupfen wir die Zeit in elektronische Zehntel und Hundertstel: es ist die Zeit der Bedrängnis, ein feiner Sand aus Augenblicken, die uns zwischen den Fingern zerrinnen. Wir sagen: es ist 15.21 und 7 Sekunden. Aber das ist nur ein Pünktchen, losgelöst vom Rhythmus der Dinge, das Klack des Tropfens eines Beruhigungsmittels.

Es tat einem weh, mit ansehen zu müssen, wie viele Platanen in den letzten Jahren in Rom krank geworden sind und wie viele gefällt wurden, um die Verbreitung der Seuche zu verlangsamen. Unterwegs auf der Nomentana oder durch Tor di Quinto, dort, wo sich ununterbrochene Baumreihen entlangzogen, Schatten und Grün und Wind und kleine Vögel in den Zweigen, zählt man heute traurig die leeren Stellen auf den verlassenen Gehsteigen. Es ist schön wie ein schönes Lächeln, das plötzlich einen Schneidezahn und zwei Eckzähne verloren hat, und die Karies schreitet fort. Es ist offensichtlich nötig, die Platanen zu heilen, und darum werden sich die tüchtigen Gärtner der Stadtverwaltung kümmern: aber ich meine, daß auch ein guter Gedanke hilfreich sein kann, und deshalb lade ich euch ein, eine Wallfahrt auf die Insel dieser Woche zu unternehmen, dorthin, wo sich wie ein mächtiger Totempfahl die Nummer eins unter den Platanen der Stadt erhebt, der große Alte, der viel gesehen hat und weiß. Der Botanische Garten ist der Tempel der Pflanzenwelt: Hunde und Bälle sind nicht zugelassen, und instinktiv kommt einen die Lust an, auf seinen kleinen Wegen herumzuwandern, mit einem Gefühl von stummem Respekt, die Hände auf dem Rücken und die Aufmerksamkeit auf die tausend Formen konzentriert, die die Natur annehmen kann. Man kommt an ägyptischen Palmen und chinesischem Bambus vorbei, an Kaktus und Rosmarin, Iris und Kamelien, wie in einer illustrierten Enzyklopädie, wo jede Abbildung von ihrem Namen begleitet wird. Es scheint, als habe man die Arche Noah der Pflanzen bestiegen: mindestens zwei von allem, in einer Mannigfaltigkeit, die kein Ende nehmen soll. Und irgendwann langt man am Fuß einer langen barocken Treppe an – das Werk des großen Architekten Ferdinando Fuga –, die sich schwankend auf ihren zerbrochenen Stufen emporwindet, Stufen, auf denen das Unkraut den Ton angibt. Die Platane steht hier, rechts, uralt und riesig, schön und beeindruckend wie die Bäume im Märchen. Sie steht hier seit vierhundert Jahren, vielleicht sogar seit fünfhundert, noch bevor Christina von Schweden auf diesen Abhängen die Accademia dell'Arcadia gegründet hat. Der Regen und die Dichtkunst haben sie gespeist, und auch das Glück hat sie bis heute beschützt, im Gegensatz zu einer anderen Platane, ihr gegenüber, ihr Zwilling, ihre Freundin, die vor zehn Jahren vom Blitz getroffen wurde. Nur sie hat allem getrotzt, hoch über der Stadt, in der schon so viel vergangen ist. Ihr vertrauen wir das Schicksal aller Platanen Roms an.

Um die Insel dieser Woche zu erreichen, hart wie Marmor und unbegrenzt wie das Unendliche, muß man die Flutwellen der Piazza dei Cinquecento und der Piazza Vittorio hinter sich lassen und auf dem ungestümen Sturzbach der Via G. Giolitti die Mole der Stazione Termini entlangschiffen, die Augen fest auf den runden Turm gerichtet, der dort, im Hintergrund, wie ein Leuchtturm hoch in den Himmel ragt. Und genau daneben, vor dem Tunnel, treibt die kleine Kirche Santa Bibiana, zwischen 1624 und 1626 von Gian Lorenzo Bernini im Auftrag von Papst Urban VIII. gebaut. Es ist die früheste Arbeit Berninis, und sie ist interessant, aber erst im Inneren, in einer Nische hinter dem Hochaltar, finden wir das Werk, das uns den Atem verschlägt. Die Skulpturen Berninis, die es in Rom gibt, sind weltweit bekannt: die profanen Meisterwerke der Sammlung des Museo Borghese und die mystischen Statuen der Santa Teresa und der Beata Albertoni, aber so gut wie unbekannt ist diese Santa Bibiana, jugendliche und wunderschöne Märtyrerin, für immer in die Reinheit des Marmors eingegangen. Sie steht, leicht an eine Säule gelehnt, eine Hand hält einen goldenen Palmzweig, Symbol des Märtyrertums, die andere ist geöffnet und erhoben, wie um einer höheren Macht Gehorsam anzuzeigen. Auch das Antlitz ist sanft nach oben gerichtet, und der leicht geneigte Hals läßt an den Vers denken, der sagt: »Der Sandelholzbaum läßt auch die Axt duften, die ihn fällt.« Aber es ist das Kleid, in dem sich die barocke Inspiration Berninis ausdrückt. Es gibt auf der Welt weder ein Bügeleisen noch einen rationalen Gedanken, die die unendlichen Falten dieses Mantels zu glätten wüßten: es ist ein Gewirr aus Kurven und Faltenwürfen, ein Labyrinth aus Stoff, der sich tausendmal um sich selbst kräuselt, und man kann sich nicht vorstellen, wieviel Raum er einnähme, würde man ihn ausbreiten. Vielleicht, daß er jede Ecke der Stadt bedecken würde, er könnte Treppen und Gassen einhüllen, das Universum füttern. Er ist wie das Wasser der Brunnen von Bernini, zu Wasserstrahlen und flüssigen Knoten gedreht, die die fließende Ewigkeit der Zeit verdichten. So erhebt sich das Antlitz der Heiligen aus dem Wust des Kleides, wie der Obelisk auf der Piazza Navona aus dem Wasser des Brunnens aufragt: es ist wie ein Sprung, der sich aus dem Chaos der Welt gelöst hat, ein aufsteigender Gedanke, der noch vom Leben zurückgehalten wird.

Die Insel dieser Woche kommt für uns der Vorstellung des Füllhorns gleich, jenem Zauberhorn, das endlos Früchte und Köstlichkeiten aller Art auszuschütten vermag. Die Sage berichtet, daß der kleine Zeus beim Spielen der Ziege Amalthea, seiner geliebten Amme, ein Horn ausgerissen habe und daß er danach, von Scham und Reue gepackt, der Ziege versprach, dieses Horn für ewige Zeit randvoll mit Leckereien zu füllen. Das freigebige Füllhorn der Sage wird heute in der trostlosen Form schwerer marmorner Briefbeschwerer oder einfallsloser Schmuckstücke angeboten. Und doch hallt in uns das Echo seiner lebendigen Fruchtbarkeit nach und das Verlangen, auf der Welt irgend etwas zu finden, was ihm zumindest ähneln möge. Wenn man in die Via Barletta kommt, wird man ein tiefes Glücksgefühl dabei empfinden, das erste und zugleich letzte tätige Füllhorn der modernen Zeit zu sehen. Zu jeder Tages- und Nachtzeit wird man dort von einem unerschöpflichen Duft eingehüllt, dem Atem eines Herdes, dazu angefacht, ohne Unterlaß Köstlichkeiten bereitzuhalten. Und einer unterirdischen Höhle, durch den Trichter einer Wendeltreppe nach oben geschoben, werden Sie Menschen aller Rassen und Farben entströmen sehen, den Mund durch ein Lächeln breitgezogen und mit einem Bartschatten aus Creme oder dem Tomatensaft einer kleinen Pizza. Diese Märchenhöhle nennt sich »Dolce Maniera« und hört – wie die Ambulanz, wie die Hochöfen der großen Stahlwerke, wie das Herz – nie auf, für uns zu arbeiten. Es ist ein winziger Laden, der, ohne sich dessen groß zu berühmen, 24 Stunden lang 365 Tage im Jahr offen hat, er braucht nicht einmal einen Rolladen, weil das Füllhorn niemals schließt. Wenn uns eine plötzliche Leere im Magen überkommt oder die Sehnsucht nach einem Vesper, lassen wir uns über diese Wendeltreppe hinuntersaugen und reihen uns vor diesem Tresen ein, der nie leer wird. Es sind viele Leute da, eine entmutigende Mauer aus Rücken, aber in schwindelerregend kurzer Zeit sind alle zufriedengestellt, und schon sind wir an der Reihe. Bei diesem überwältigenden Angebot zeigen wir hierhin und dahin, auf Süßes und auf Salziges, und die schöne Bäckerin wickelt uns alle unsere Wünsche ein: sie kosten beinahe nichts, wie in den besten Träumen. Im Nu tauchen wir wieder auf Straßenniveau auf, dort, wo die echte Welt ist: bittere Erfahrungen und rauhe Sitten. Aber auch die kleine Freude, die wir in unserer Tüte tragen, ist echt.

Rom ist reich an Plätzen, die in sich Jahrhunderte an Kultur und Schönheit vereinigen, und wenn wir sie überqueren, spüren wir, wie dicht diese illustre Vergangenheit ist, und respektvoll versuchen wir, unsere Schritte soviel Harmonie anzupassen oder sie zumindest nicht zu stören. Aber in unserer Stadt gibt es auch andere Plätze, offen wie Wunden, wo es unmöglich ist, sich auf Zehenspitzen davonzumachen, weil das Herz gegen die Erschütterung ankämpft und der Blick sich trübt. Piazzale Pino Pascali ist die Piazza Navona der Erdenpein. Es ist das eine riesige, weit ausgedehnte Fläche zwischen Collatina und Prenestina, ein Ort, den nicht einmal das Straßenverzeichnis erfaßt, eingesunken unter dem Hügel, wo sich zwischen freudlosen Bauklötzen die Straßen mit den Namen der edelsten italienischen Maler – Morandi, Carrà, De Chirico – kreuzen. Auf einer Seite des Platzes verheddern sich die verkrümmten Bleche der Abwracker, zwischen denen Rudel hungriger verwilderter Hunde umherstreifen, auf einer anderen sammeln sich die Wohnwagen der Zigeuner, und vor dem einzigen öffentlichen Brunnen stellen sich ihre Frauen an, um die Blechkanister zu füllen, und die Kinder spielen barfuß. Weiter hinten, zur Via Severini zu, bieten sich die nigerianischen Huren mit dem Rücken an, so als würde man nichts auf ihre fremden Gesichter geben, bloß auf ihre Hintern, alle gleich rund. In Richtung der Überführung, an die Mauer gelehnt, stehen die weißen

Prostituierten, Russinnen und Albanerinnen, aber auch die Italienerinnen, völlig ausgezehrt, in Erwartung des Geldes für eine Dosis Heroin. Manchmal, im Winter, lagert auf einer Müllhalde ein kleiner Zirkus, der den Namen des glücklosesten unter den Cousins der Orfei oder Togni trägt, der großen italienischen Zirkusfamilien. Für kurze Zeit reiht sich in die Reihe vor dem öffentlichen Brunnen auch ein Zwerg mit einem alten Pferd ein. Und über dieser verletzten Menschheit, über den kahlgeschorenen Buben, die auf dem Motorroller vorüberflitzen, über den Alten, die langsam unter der stechenden Sonne dahingehen, lastet das schicksalhafte Bauwerk des neuen Schlachthofs, ein schweigendes KZ, dem bloß, an manchen windigen Abenden, der Geruch von Blut entströmt. »Es sind alle Kreaturen des Lebens / und des Schmerzes. / Mit den Elenden als Gesellschaft spüre ich / meinen Gedanken viel reiner werden / da, wo der Weg viel häßlicher ist«, schrieb Umberto Saba über seine alte Stadt, Verse, die auch hier, in unserer neuen Stadt, wahr klingen.

Diese Woche ist die der Zeugniskonferenzen und der endgültigen Urteile: Die Lehrer, in irgendein stickiges Klassenzimmer gesperrt, öffnen die Klassenbücher und stellen die durchschnittliche Jahresbenotung fest, Fach für Fach. Dann diskutieren sie stundenlang, wobei sie den Eifer eines jeden Schülers abwägen, seinen Fortschritt das Jahr über, und da gibt es kein Detail, das vergessen würde, der gebrochene Arm im Februar, die Verlobung mit der Kleinen aus der 1 B, die Schwierigkeiten in der Familie, so lange, bis beinahe alle Kinder entschuldigt sind. Und für die wenigen, die durchfallen, wird es im nächsten Jahr einen neuen Anlauf geben. Ein ganz anderes Gericht ist jenes, das uns alle, nach der christlichen Religion, am Ende der Tage erwartet, wenn wir uns, zusammengepfercht wie die Ölsardinen, im Tal des Josaphat wiederfinden werden und eine einzige Geste für immer die Geretteten von den Verdammten trennen wird. Wir erinnern uns gut an die schreckenerregenden Bilder des Jüngsten Gerichts, die Luca Signorelli im Dom von Orvieto gemalt hat, oder an die von Michelangelo in der Sixtinischen Kapelle: an den Teufel, der auf seinem Rücken die nackte Sünderin fortträgt, oder jenen Unglücklichen mit der Hand vor dem Gesicht, der für alle Ewigkeit verzweifelt. Weniger bekannt ist das wundervolle Jüngste Gericht, das Pietro Cavallini 1293 im Kloster von Santa Cecilia in Trastevere schuf. Die Zeit und die Nachlässigkeit der Menschen haben jenen Teil davon zerstört, auf dem die Heerscharen der Versetzten und der Sitzengebliebenen dargestellt waren, so daß bloß jene Partie erhalten blieb, wo Jesus, umgeben von den Engeln und den Aposteln, seine unwiderruflichen Entscheidungen fällt. Es sieht wirklich aus wie eine Zeugniskonferenz, Christus am Katheder wie ein junger Schuldirektor, die Jünger, die in den Bänken sitzen, wie Lehrer, die Flügel der Cherubine wie bunte Federn, um die Farben der Noten zu unterscheiden, Maria und Johannes der Täufer mit gefalteten Händen, wie die Lehrer für Religion und Turnen, die um die Versetzung für alle bitten. Man wägt die wichtigsten Fächer ab, guter Wille, Glaube, Wohltätigkeit, Nächstenliebe, und die weniger schwerwiegenden, Unkeuschheit, Gefräßigkeit, Trägheit. Hoffen wir, daß es wirklich so sein wird, eine Jüngste Zeugniskonferenz ähnlich unseren Klassenkonferenzen, und daß die Hölle beinahe leer bleiben möge, weil wir es zwar hätten besser machen können, im Grunde aber alle die Schule des Lebens besucht haben.

Die Insel dieser Woche erhebt sich steil und kühn über den sanften Linien der Stadt. Immer schon wurde Rom mit einer üppigen Frau verglichen, teils Mutter, teils Hure, die großherzig zwischen den Brüsten ihrer Hügel Kinder und Stiefkinder aufnimmt. Es ist eine gutmütige, nachsichtige Umarmung, die im Nu auch das Gewissen, das am heißesten brennt, erstickt. Hier rundet sich alles, das Leben schließt sich zu einem Kreis, wenige Tage, und die Auseinandersetzungen verwandeln sich in einen Klaps auf die Schulter, Feindschaften in friedfertige Tafelrunden.

Das leichte Auf und Ab, die weichen Windungen des Flusses, die barmherzigen Kuppeln, die weiblich hingestreckten Plätze: es ist eine mit dem Kompaß und dem Fettstift gezeichnete Landschaft, in der die scharfen Kanten dazu angehalten sind, stumpf zu werden, und wo, nur damit man seine Ruhe hat, die bittersten Wahrheiten ausgelöscht werden. Hier sagt niemand jemals nein, weil alles möglich ist: Scherben kann man, bevor sie schneiden, immer zusammenkleben, es genügt ein kurzes Telefonat, ein alter Schulfreund, und du wirst sehen, daß sich eine Lösung für alle finden läßt. Hauptsache, du versteifst dich nicht und spielst nicht verrückt. Und dennoch verspüren wir bisweilen den Wunsch nach einem entscheidenden Riß, nach Einsamkeit und Vertikalität, die uns dem lauwarmen Sumpf der Umarmungen entreißt und die Gedanken mit Schwung emporzieht. Da ist es dann das beste, den Motorroller zu besteigen und die schwindelerregendste Steigung der Stadt anzugehen, den mythischen K2, wie er in ehrfurchtsvoller Scheu von uns Bürgern getauft wurde. Wenn man die Tunnel der Olimpica hinter sich hat, erreicht man eine breitere Stelle oberhalb des Stadions: die Bar Chalet rechts erweckt Erinnerungen an die Dolomiten, und die Kuppeln, die die Sitzreihen überdecken, erscheinen plötzlich wie die Zelte kühner Bergsteiger und deren Sherpas. Einmal durchatmen und los, die atemberaubende Steigung hinauf, im Schatten der dichten

Baumreihen. Es ist ein rascher und intensiver Anstieg, das Begehren klimmt hoch, wird maskulin, Meter um Meter wächst der Stolz, endlich Männer, allein in der Felswand unserer Gedanken, zu sein, fern den mütterlichen Rockzipfeln der Stadt, fern dem lasterhaften Ringelreihen, bei dem alle sich an den Händen halten wie die Kinder. Auf dem windigen und verschneiten Gipfel angekommen, lesen wir auf dem Straßenschild den wirklichen Namen des mörderischen K2: Via Edmondo De Amicis, und dieser zuckersüße Name kommt einem vor wie Hohn.

Die Insel dieser Woche ist eine kleine Bucht, demütig an die mächtige Abtei San Gregorio Magno auf dem Celio geschmiegt, wo gestern die Beerdigung von Vittorio Gassman stattfand. Man muß eine kleine Treppe hinaufsteigen und sich dann nach links wenden, durch ein kleines Tor, das fast immer offensteht. Am Ende einer Wiese erhebt sich ein einfacher Bau, der sich aus drei niedrigen, durch Bögen und Säulen verbundene Kapellen zusammensetzt, für lange Zeit den Vandalen und den Verzweifelten überlassen, und nun, nach langen Restaurierungsarbeiten, endlich der Stadt wiedergegeben. Das Herz dieser Anlage ist das Triclinium Pauperum, das heißt, der Marmortisch, an dem der heilige Gregor täglich zwölf Arme speiste und wo, das besagt zumindest die Legende, als dreizehnter Gast ein Engel erschien. Rund um diesen Kern aus Qual und Barmherzigkeit haben große römische Künstler des 17. Jahrhunderts gearbeitet und uns Fresken, Statuen und schöne Tafelbilder hinterlassen. Wer die prachtvolle Ausstellung »L'Idea del bello« im Palazzo delle Esposizioni zu schätzen wußte, muß diese drei Oratorien unbedingt aufsuchen: er wird Guido Reni wiederfinden, Domenichino und Lanfranco, dazu Nicolas Cordier, Pomarancio und Antonio Viviani, und er wird noch besser begreifen, weshalb große Kunst immer in der Nähe des Schmerzes entsteht, wie ja auch jede harmonische Vorstellung aus dem Gefühl menschlicher Zerbrechlichkeit erwächst. So habe ich auch des guten Vittorio gedacht, an seine starken Depressionen, an diese marmorne Platte in seiner Brust, die ihm das Leben bisweilen unerträglich gemacht hat. All das hat ihn nicht daran gehindert, ein großherziger Mensch und Künstler zu sein, sein Haus jahrelang immer für Freunde offenzuhalten, die Tafel immer gedeckt, und uns Darstellungen von Personen zu schenken, deren überbordende Vitalität unvergeßlich ist: so als hätte ihm dieser dunkle, verzweifelte Grund eine bessere Erkenntnis dessen erlaubt, was das Schicksal der Menschen ist, armseliger Geschöpfe, aber dazu imstande, unwahrscheinliche Aufschwünge zu nehmen. Im dritten Oratorium betrachtete ich in der Apsis das Engelskonzert von Guido Reni: sie blasen Posaunen und Flöten, schlagen das Tamburin, klimpern auf der Laute und sind dabei schön und sympathisch. Ebenso wie Gassman es getan hat, spielen und singen diese Engel ein Lied voll von Leben, aber sie vergessen dabei nicht die Tafel der Not, von der sie sich gerade erst erhoben haben.

In einem Brief aus Rom schildert Leopardi dem Bruder Carlo seine Enttäuschung über das intellektuelle und mondäne Ambiente, das er hier vorgefunden hat. Was ihm dagegen gefiel, war die Straße, die zum Grab Tassos auf dem Gianicolo hinaufführt. »Sie ist gesäumt von Häusern, die für Handwerksbetriebe bestimmt sind, und sie hallt wider vom Arbeitseifer der Webstühle und anderer Geräte und vom Gesang der Frauen und der Arbeiter, die mit ihrem Werk beschäftigt sind. In einer trägen Stadt, ausschweifend, ohne Ordnung, wie die Hauptstädte eben so sind, ist es schön, das Bild des gesammelten Lebens, geordnet und mit nützlichen Berufen beschäftigt, zu betrachten.« Wenn Giacomo immer noch unter uns wäre und diese Eindrücke aufs neue überprüfen wollte, würde ich ihn heute in die Via del Mandrione führen. Der Name, ebenso wie die der angrenzenden Straßen – Via dell'Aqua Bullicante, Via Torpignattara, Via della Maranella –, erinnert an die schwierige Nachkriegszeit, an die Armut und an die ungebärdige Existenz der »*ragazzi di vita*«, von der

Pasolini erzählt. Und tatsächlich sind aus diesen Jahren, in denen es mühsam bergauf ging, sichtbare Spuren erhalten geblieben, wie etwa die Reste der trostlosen Räume, die in die niedrigsten Bögen des römischen Aquädukts gehauen wurden. Hier unten sieht man noch offenstehende kleine Fenster, abgebröckelten Putz, Fetzen von Tapeten: die Qual einer schrecklichen Vergangenheit und gleichzeitig die Kraft von Menschen, die sich mit allen Mitteln eine Höhle schaffen wollten, in der man überleben konnte. Und vielleicht ist gerade dank dieser hartnäckigen Lehre hier, zwischen den Steinen des Aquädukts und den Pfiffen der Eisenbahn, ein alter und zugleich neuer Ort entstanden, eine lange Karawane aus Werkstätten und Kleinbetrieben: Tapezierer, Schmiede, Schreiner, Konditoren, Mechaniker, Fliesenleger, Polsterer, Rahmenmacher haben in der Via del Mandrione ihre Straße gefunden, einen ruhigen Ort, an dem man unbehelligt arbeiten kann. In die Höfe vor den Werkshallen fahren Lastwagen und Kleintransporter vor und wieder fort, nie aber herrscht der verrückte Lärm, unter dem die Innenstadt leidet. Und diesen Handwerkern haben sich nach und nach junge Graphiker angeschlossen, Architekten, Photographen, die die heruntergekommenen Gebäude in moderne Studios verwandelten. »Die Physiognomien und das Betragen jener Leute, die man auf dieser Straße antrifft«, schrieb Leopardi, »haben irgend etwas Einfacheres und Humaneres und zeigen die Sitten und den Charakter von Menschen, deren Leben auf dem Wahren und nicht auf dem Falschen gründet.«

Viele Seen beleben die Karte unserer Region durch ihre kleinen blauen Kreise. Einige, wie der See von Bracciano und der Bolsenasee, sind von ganz grünen Wäldern und einer Menge kleiner Landhäuser umgeben, in denen die Leute aus der Stadt Erholung suchen; andere, wie der Nemisee, sind geheimnisvoll in die Tiefe eines Abgrunds hineinversenkt; wieder andere, wie etwa der See von Vico, haben sich etwas Urtümliches bewahrt, so als hätte das Wasser lange dagegen angekämpft, sich für immer zwischen diesen Ufern einschließen zu lassen. Aber alle strahlen eine ruhige Melancholie aus, so als sähen wir unser Unvermögen, aus uns herauszugehen, in ihnen widergespiegelt, unsere Unfähigkeit, uns in einen freudigen Sturzbach zu verwandeln, der Hals über Kopf dem unendlichen Meer entgegenstürzt, das alles in sich aufnimmt. Betrachten wir den See von Castelgandolfo und dann den von Nemi, die seit Jahrtausenden einer neben dem anderen liegen und einander nie treffen werden, und denken wir dabei daran, daß auch das Leben ein wenig so ist, alle stehen, der eine wie der andere, nahe nebeneinander, ohne sich zu lieben oder sich auch nur zu verstehen. Auch die anmutigen kleinen Seen innerhalb Roms fordern uns auf, an ihren Ufern, die Hände in den Taschen und den Kopf an einsame Überlegungen verloren, entlangzuwandern. Wir umkreisen die runden Teiche der Villa Ada und der Villa Borghese, und es kommt uns vor, als würden wir um uns selbst kreisen und uns nach und nach besser kennenlernen, uns als das nehmen, was wir sind, Seen, die vom Ozean träumen. Und wenn uns ein wenig Zeit bleibt, betreten wir eines Morgens den Palast der Cancelleria auf dem Corso Vittorio Emanuele. Es ist ein bedeutender Palast, er war Sitz der Gerichtsbarkeit der Kurie, und 1849 wurde hier die römische Republik ausgerufen; er hat einen wunderschönen Innenhof, der vielleicht ein Werk Bramantes ist, und einen Saal mit Fresken von Vasari aus der ersten Hälfte des 16. Jahrhunderts. Aber das alles ist nicht der Grund für unseren Besuch, ja nicht einmal die Ausstellung über Petrus und Paulus, die hier gezeigt wird, auch wenn wir Petrus und Paulus unseren Obolus leisten mußten, um überhaupt hineinzukommen. Der Grund für unseren Besuch ist der winzige See, der als Gefangener im Keller des Palastes liegt. Vielleicht, daß See ein zu großspuriges Wort für diese in ein Zimmer eingeschlossene Pfütze ist, für dieses arme Wasser, das sich im Dunkel zusammenkauert: nie wird es etwas vom Meer erfahren und auch nicht vom Himmel, aber für einen Moment wird es etwas von uns wissen, die wir uns in seiner ewigen Einsamkeit spiegeln.

Hektar um Hektar knallbunter Werbeplakate überschwemmen die Stadt, hängen vor dem Himmel, in den Bäumen, vor den Fassaden der Häuser, die renoviert werden. Wo auch immer man den Blick hinwendet, gibt es eine schelmische Riesin, die uns auffordert, uns anzuziehen, zu abonnieren, zu lecken. Unter diesen gigantischen und von triumphierendem Glück glänzenden Bildern fühlen wir uns klein und schuldig wegen unserer flüchtigen Anfälle von Melancholie, ein Volk von Zwergen, die das eigene Leben nutzlos verschwenden, weil sie nicht genug konsumieren. Es gibt bloß ein Plakat, das mich mit Zuneigung erfüllt und das mich, ohne daß ich es will, dazu ermuntert, an etwas anderes zu denken. Es klebt vor Regina Coeli und ist über der kurzen steilen Strecke angebracht, die vom Lungotevere zur Lungara führt. Es ist die Reklametafel der Cereria Di Giorgio, einem Geschäft, das ganz Rom seit über hundert Jahren mit Kerzen versorgt, und zeigt einen Schwarm pausbäckiger Engel, die, jeder seine entzündete Kerze in der Hand, auf uns zufliegen, vorangetrieben durch ein paradiesisches Licht. Es kommt uns vor wie ein Bild aus einem Märchenbuch, es hat sanfte Farben, und die Zeichnung wirkt ein wenig lächerlich, man versteht nicht, wie es sich zwischen den angriffslustigen Erfindungen der heutigen Graphiker und Werbeleute behaupten kann. Aber es spricht uns an und bringt uns dazu, das Geschäft aufzusuchen, das gleich dahinter liegt, in der Via San Francesco di Sales. Hier gibt es eine parallele Welt, aus Wachs und aus Dochten gemacht, dazu bereit, herabzubrennen und zu schmelzen. Viel von dieser Produktion ist natürlich für die Kirchen bestimmt, das sind die unendlich vielen Kerzen, die irgend jemand entzünden wird in der Hoffnung, gesund zu werden, ein Kind zu bekommen, eine Arbeit zu finden. Aber außer diesen hochaufragenden schmalen Bitten nimmt das Wachs hier jede Form an: Polypen, Hunde, Muscheln, Kühe, Frösche, Elefanten, Tauben, Seehunde und dazu Würfel, Kugeln, Sterne, Spiralen, Pyramiden, und im Wachs ist das Parfüm aller Pflanzen, Minze, Anis, Zitrone, Moschus, Rose und Farn, und auf dem Wachs das Alphabet aller Sprachen, taoistische Symbole, buddhistische, Ideogramme, kyrillische Buchstaben. Jede Kerze ist bereit, entzündet zu werden und herabzubrennen, nach und nach ihre Form zu verlieren, heiße Tränen zu tropfen und Licht zu spenden. Wenn wir aus diesem unwahrscheinlichen Geschäft herauskommen, sehen wir Dinge und Menschen für eine Weile anders: wir suchen, ob über ihnen, über uns ein Docht zu sehen ist, ein kleines Flämmchen, das brennt und leuchtet.

Die Sonne sticht, und Dinge und Gedanken werden platt unter dem schweren Licht des römischen August. Wie streunende Hunde streifen wir durch die Stadt auf der Suche nach Schatten, nach Wasser, nach kühlen Orten, um Körper und Geist vor dem Gefühl der Verflüssigung zu schützen, die sie bedroht. Das ist die richtige Gelegenheit, eine unterirdische Insel aufzusuchen, eine heilige Höhle, die dem Unbewußten ähnelt, wenn das Unbewußte ein Ort in Rom wäre. Es geht darum, in die Eingeweide der Kirche San Clemente vorzudringen, weit unter den leuchtenden Fresken von Masolino und der von Gold und von himmlischen Visionen leuchtenden Apsis. Man muß dazu auch noch die Unterkirche aus dem 4. Jahrhundert hinter sich lassen, wo, von der Zeit abgenutzt, lächelnde Madonnen und an die Wände gemalte Wunder zu ahnen sind. Die Treppen führen hinunter, und der Raum wird enger, es sind kleine Zimmer und Gänge, aus dem feuchten Stein gehauen, und wir irren verloren darin umher wie in den verworrenen Träumen der Nacht. An unsere Ohren dringt das Rauschen einer unsichtbaren Quelle, in die Augen ein Halbdunkel, das Gott weiß welche Geheimnisse verhüllt. Es kommt einen das Verlangen an, zum Asphalt der Straße und ans Tageslicht zurückzusteigen. Aber etwas zwingt uns dazu, in den Traum vorzudringen. Unvermutet finden wir uns vor einem rostigen Eisengitter, das uns von der Höhle des Mithräums trennt. Der Gott Mithras ist dort unten, eine Statuette, in eine Nische gestellt. Ein Jüngling, aus dem Felsen geboren, wie die Legende es berichtet. Seine Aufgabe ist es, alles tierische und pflanzliche Leben aus dem Blut eines Mondstiers entstehen zu lassen. Die Szene der Opferung ist auf dem Altar im Zentrum des Mithräums dargestellt. Der Götterknabe, von Mitleid und Entsetzen ergriffen, wendet den Blick ab, dem Wind zu, der seinen Mantel bauscht, während sein Messer unerbittlich in den Hals des Stieres eindringt. Eine heimtückische kleine Schlange, vom Gott des Bösen gesandt, versucht zumindest etwas von dem Blut zu vergiften, das im Herabtropfen Leben entstehen läßt. Es ist ein <u>schrecklicher und wunderschöner Traum</u>, der sich unter dem Gewölbe mit den elf Löchern zuträgt, die Sternzeichen und Monate darstellen. Das war die in Rom am meisten verbreitete Religion vor dem Anbruch des Christentums, das ist es, was Erde und Nacht verbergen, das grausame Symbol der Fruchtbarkeit. Ans Licht der Stadt wiederaufzutauchen kommt einem Wiedererwachen, einem Wiedergeborenwerden gleich.

»Ich hatte im Jahre 1823 das Glück, Italien zu sehn. Ich war vom Bildnis der Beatrice Cenci hingerissen, das im Palazzo Barberini in Rom hängt.« Das schrieb Stendhal in einer seiner bewegendsten *Italienischen Chroniken*, die zur

Gänze der Tragödie der Familie Cenci gewidmet ist. Francesco Cenci »kümmerte sich um die andern Menschen nur, wenn er ihnen seine Überlegenheit beweisen, sich ihrer bedienen oder ihnen seinen Haß zeigen wollte«, ein Unmensch, der es genoß, »den Himmel herauszufordern« und seine Kinder zu quälen: er endete im Schlaf, als zwei gedungene Mörder ihm einen Nagel durch ein Auge trieben, von der Tochter Beatrice und seiner Frau Lucrezia dazu ermuntert. Zunächst wurde die von Beatrice und Lucrezia inszenierte Version geglaubt: der Körper des Unmenschen wurde aus dem Fenster gestürzt, der Schädel zertrümmert, das Verbrechen verborgen. Dann begann aber irgend jemand zu reden, der Verdacht verwandelte sich nach und nach in Gewißheit. Und so unterschrieb Clemens VII., nachdem er lange gezögert hatte, unsicher, ob er verzeihen – wie es das Volk forderte – oder ob er unbeugsam bleiben sollte, wie das der eine oder andere Kardinal wünschte, endlich das Todesurteil für die zwei Frauen und für Giacomo, den Bruder der Beatrice. Giacomo wurde mit Knüppelzangen gepeinigt, das heißt durch schwere Schläge getötet und durch scharfe Zangen zerfetzt. Die beiden Frauen wurden auf den Platz vor der Engelsbrücke gebracht, wo das Schafott errichtet worden war. Ganz Rom war anwesend, sah zu und weinte, als das Fallbeil das wundervolle Köpfchen der Beatrice vom Rumpf schlug. Die Geschichte der Cenci wurde von Shelley wiederaufgenommen, von Guerrazzi, Dumas bis hin zu Artaud, aber die reinste Huldigung an sie bleibt jenes Porträt der Beatrice, das man im Palazzo Barberini immer noch bewundern kann. Es ist nicht mehr so sicher, ob es sich wirklich um sie handelt und ob der Maler tatsächlich Guido Reni war, aber wir hoffen es, und wir hoffen auch, daß das Bildnis aus jener Ecke geholt wird, in der höchstens ein Feuerlöscher hängen dürfte, und eine würdigere Wand gefunden wird. »Der Kopf ist zart und schön«, schrieb Stendhal, »der Blick sehr sanft und die Augen sehr groß: sie haben den erstaunten Ausdruck einer Person, die im Augenblick heftigen Weinens überrascht wird.« Beatrice wendet den Kopf nach hinten und verabschiedet sich von uns mit dem Blick von jemandem, der nicht mehr weiß, was er mit seiner Schönheit anfangen soll: Ich lasse sie euch, scheint sie zu sagen, weil ich sterben werde.

Die Insel dieser Woche liegt abseits wie eine Schatzinsel, fern vom schäumenden Kielwasser der Autobusse und der Touristenströme, und doch ist sie nur einen Schritt entfernt, gerade nur ums Eck. Manchmal wirft das Fragment einer Reisegruppe, die es hierher verschlagen hat, einen begierigen Blick in die Runde, ob es hier nicht doch etwas zu photographieren gibt, aber es finden sich weder Brunnen noch Denkmäler, noch eine barocke Fassade, ein

Engelsflügel, eine interessante perspektivische Verkürzung, nichts. Und so entfernen sich die versprengten Touristen, hastig, wie sie gekommen sind, um sich wieder dem allgemeinen Strom einzugliedern. Die Schönheit ist nicht immer spektakulär, manchmal ist sie traurig, leise, unsicher. Bisweilen beginnt sie in uns wie eine brennende Sehnsucht nach irgend etwas, wie eine konfuse Frage, und dann läßt sie sich draußen wiederfinden und scheint dieselbe Frage, die Teil der Realität geworden ist. Zuerst war es ein Gefühl, und nun ist es ein Baum, er war unsichtbar, und nun steht er vor uns, die Blätter unbewegt in der unbewegten Luft des Sommers, zwischen der Erde und dem Himmel verschraubt. Der prachtvolle Ölbaum, der mitten in der Piazza Lancellotti gewachsen ist, weiß nichts von den Brüdern, die auf den sienesischen Hügeln grünen oder in der Ebene von Salento, er hat nicht einmal Nachricht von den hohen Platanen, die einander am Lungotevere Gesellschaft leisten, wenige Meter von seinem Gefängnis entfernt. Vielleicht glaubt er ja, der einzige Baum auf der Welt zu sein, ein halbes Monster, eine Ausnahme. Wer weiß, woran er an den unendlichen Tagen seiner Einsamkeit denkt. Rund um sich hat er einen Wall aus Autos, die in dieser Renaissancegarage abgestellt sind: die Stoßstangen rammen sich bis in seinen Stamm, die Räder haben den Travertin zerfetzt, der seinen einzigen Quadratmeter Erde beschützt hat. Und gleich hinter den Autos erheben sich die vier Wände dieser deprimierenden Schachtel: eine Seite des Palazzo Lancellotti, ein baufälliges Kirchlein, die Fassade eines Palastes, der restauriert wird, eine Reihe einfacher Häuser. An den untersten Fenstern eiserne Gitter, auf der Erde ein holpriges Pflaster. Und der Ölbaum steht hier, im Zentrum seines Gefängnisses, vornehm und einsam, wie ein besonderer Häftling, der keinen Kontakt mit der Welt mehr haben darf. Wie der Graf von Monte-Christo oder Napoleon auf Sankt Helena, verbreitet er ein Gefühl der Größe und des Unglücks und er scheint auch uns zu bitten: Laßt mich von hier fliehen, oder gebt mir wenigstens zu trinken.

Die Flughäfen Fiumicino und Ciampino haben nichts Poetisches an sich, es sind Orte, an denen Massen verschoben werden, menschliche Ware verladen und entladen wird: die Hostessen staksen nervös herum und schleppen die Gepäckstücke hinter sich her, die Geschäftsleute schreiten langsam, dösen dabei vor sich hin, um den verlorenen Schlaf wieder aufzuholen, in den Bars drängelt man sich um ein Gummisandwich, man schaut flüchtig auf die Tafel, die Flugsteig und Abflugzeit anzeigt, und dann wartet man, wobei man Zeitungen durchblättert, ohne auch nur ein Wörtchen mit dem Nachbar zu wechseln. Mitunter beginnt irgendein Mann in Sakko und Krawatte in das

Kabel zu schreien, das vor seinem Mund baumelt, oder irgend jemand wendet ein wenig den Kopf, um einen Sänger oder Politiker zu beobachten, der mit dem Ausdruck von jemandem vorbeikommt, der wegmuß und nicht mehr weiß, wohin und warum. Darüber ist der unendlich weite Himmel, sind die übereinandergetürmten Wolken, das Herzklopfen, vielleicht sogar der Tod, aber der Flughafen ist wie die Eingangshalle eines Luxushotels: Leute, die zerstreut hin und her gehen, Auslagen voll von Parfüm und Kaschmir, Tüchtigkeit und Melancholie. Man muß anderswo hingehen, um die Erregung der Erde zu spüren, die knirschend in das Blau abhebt und Hoffnungen und Angst hinter sich herzieht. Der winzige Aeroporto dell'Urbe liegt an der Via Salaria, kurz vor dem Chaos der Stadt. Die Gebäude am Eingang sind unglaublich abgeblättert, und zwischen schlecht gewarteten Hangars treiben sich verwilderte Hunde und räudige Katzen herum. Hinter dem Metallzaun sind die Flugzeuge abgestellt, so klein und komisch wie altes vergessenes Kinderspielzeug. Und doch hat dieser Platz die Faszination der Orte an der Grenze, er lädt uns ein, die Last der Dinge hinter uns zu lassen – das geht, wenn man ein Ticket kauft – und über die Stadt zu fliegen. Und dicht neben der Startbahn gibt es eine Bar mit Restaurant samt einem hübschen Garten, wo man Kaffee trinken, den Erzählungen der Piloten zuhören und darauf warten kann, ob jemand den Himmel herausfordert.

Wenn man Glück hat, kann man sehen, wie dieser Blechkasten knirschend abhebt, um die Luft zu erstürmen: das ist kaum mehr als ein Sitz mit Flügeln und ein Propeller, der durch ein Gummiband angetrieben scheint. Wie wird er es schaffen, abzuheben und dem Wind standzuhalten? Wieviel Mut braucht er? Und doch hebt dieser metallene Sperling quietschend von der Erde ab, steigt in die Höhe und fliegt: Und uns, die wir auf der Erde bleiben, klopft das Herz voll Erregung und Neid.

Die Insel dieser Woche wurde an der Stelle geboren, wo die großen Themen des Lebens – die Reise, der Tod, die Erkenntnis – aufeinandertreffen, und hat dies mit der Ungeniertheit und der Unbekümmertheit aufgesogen, die für das römische Denken typisch sind. Wir sind im Viertel San Lorenzo: von einer Seite drängt verwirrend das Wissen der Universität heran, von einer anderen die Unruhe des Bahnhofs, von wieder einer anderen das ewige Schweigen des Friedhofs. Man kommt und geht, einer eilt mit dem Koffer in der Hand oder hinter einem Sarg aus Eichenholz vorbei und versucht in der Zwischenzeit, irgend etwas über diesen kurzen Aufenthalt auf Erden zu begreifen. Im Viertel San Lorenzo werden Probleme auf die beste Art und Weise angegangen, voll Eifer und mit kühlem Kopf, ohne daß man sich durch übertriebene Begeisterung oder

Mutlosigkeit fortreißen ließe, weil die Bahn vieles lehrt und der Friedhof wiederum anderes und weil man zwischen beiden einen Halt und einen Sinn finden muß. Viele Künstler haben dieses Viertel als idealen Ort zum Malen und Dinge-Ausdenken erkoren. Hier herrscht die Atmosphäre, die man dazu braucht: Unruhe und Frieden, Bewegung und Stasis, Pubs und Leichenfeiern. Im Mittelpunkt von alldem liegt die Bar Marani, Tempel einer höheren Zivilisation, immer bedroht von der Präpotenz der Welt und immer noch am Leben. Man kann jeden Stein des imperialen Rom bewundert haben, jedes im Dunkel unserer unendlich vielen Kirchen verborgene Bild, aber man kennt die Stadt nicht wirklich, wenn man nicht zumindest einen Tag in der Pergola der Bar Marani im San-Lorenzo-Viertel vertrödelt hat. An den kleinen Tischen, beim Cappuccino oder bei einem Aperitif, findet man Menschentypen wieder, die die Soziologen künstlich auseinanderhalten: friedfertige Hausfrauen und metallverbolzte Punks, Langzeitstudenten aus dem Süden und Obsthändler vom nahen Markt im Unterhemd, schwatzhafte Schauspieler und alte Hardliner aus der Via dei Volsci, Jüngelchen aus reicher Familie im Kaschmirpulli und ganz normale Leute, die auf einen Kaffee vorbeikommen, sie alle sind hier, um Zeitung zu lesen, die Fußballweltmeisterschaft zu kommentieren, die Politik, die Angelegenheiten der anderen, die Nichtigkeit des Lebens. Man kann sprechen, vieles lernen, noch mehr vergessen, und man kann auch ruhig da sitzen, um dieses frische grüne Lüftchen zu genießen, welche Jahreszeit und welches Klima auch außerhalb der Pergola herrschen mögen. Der Vormittag saust dahin wie ein wunderschöner kleiner Vogel, ohne daß man Reue darüber empfände.

Die Insel dieser Woche sieht aus wie ein ganz gewöhnlicher Felsbrocken, und dabei ist sie einer der Grundsteine Europas. Man muß in das Jahr 778 zurück, sich die Heerscharen Karls des Großen vorstellen, die nach den Kämpfen gegen die Ungläubigen nach Frankreich heimkehren. Die Nachhut befehligt der heldenhafte Orlando, und er weiß nicht, daß er vom feigen Gano di Magonza verraten wurde und daß der Tod nahe ist. In der Schlucht von Roncisvalle, in den Pyrenäen, kommt es zu dem großen Gemetzel: Zu Tausenden stürmen die Mauren König Marsilios gegen die französischen Ritter an, die sich verteidigen, so gut sie können, aber ihr Können reicht nicht. Orlando schlägt Köpfe ab, zerstückelt, vierteilt, verstümmelt mit seiner Durlindana, aber nach und nach verlassen ihn die kriegerischen Kräfte. Kein Stoß der Feinde hat ihn getroffen, er verfällt dem Tod aus reiner Erschöpfung. Orlando hat ganz gewiß keine Angst vorm Sterben, aber er möchte verhindern, daß sein ruhmreiches Schwert in den

Händen eines Verräters landet, der ritterliche Ehrenkodex gebietet es so. Und nun erzählt das *Rolandslied*: »Orlando schlägt auf einen harten Stein: / Er schlägt mehr davon ab, als ich Euch zu sagen weiß. / Das Schwert knirscht, weder zerspringt es noch/bricht es, sondern es prallt himmelwärts.« Er sucht seine Durlindana auf jede nur erdenkliche Weise zu zerbrechen. »Orlando schlug grimmig auf den Block«, auf diesen dunklen Stein, aber die Schneide bricht nicht. Der kühne Orlando, den wir unerschrocken, verliebt und als leicht engstirnigen Einfaltspinsel in den wundervollen Dichtungen von Boiardo und Ariost wiederfinden werden, stirbt fürs erste in Roncisvalle, über sein unversehrtes Schwert geworfen, das Gesicht dem Feind zugewandt. Und wissen Sie, wo dieser so übel zugerichtete Felsbrocken hingekommen ist, der letzte steinerne Feind Orlandos? Hochgehoben vom Wind der Dichtung, der Täuschung, der Lüge, hat er wie ein Meteorit die Himmel Europas überquert, um zum Schluß in einem winzigen Gäßchen einzuschlagen – man hat Mühe, es zu glauben –, das von der Piazza Capranica wegführt: Vicolo della Spada d'Orlando. Das Felsstück liegt hier, auf der linken Seite, und vielleicht erinnert es sich selbst nicht einmal mehr an den scharfen Ton Olifantes, an die Schreie der hingeschlachteten Ritter, an die heftigen Hiebe, die es von Orlando erhalten hat. Da liegt es, und niemand betrachtet es, niemand weiß, daß es tatsächlich dieser Felsblock war, der die letzten Flüche und die ersten Tränen Orlandos aufgesammelt hat.

Die Römer nennen die Ansammlung von Baumaterial, wie man sie da und dort entlang der Vorstadtstraßen findet, »lo smorzo«. Da gibt es einen Zaun, ein Gatter, das immer offensteht, und dahinter Reihen kleiner Kamine, Kacheln aller Art, tonnenweise Backsteine und Hohlziegel, Bretter von jeder Länge, einen Schäferhund an der Kette, der unablässig bellt, zwei oder drei ramponierte Kleinlaster, auf dem freien Platz in der Mitte abgestellt, einen Padrone im Unterhemd, der, den Zigarettenstummel im Mund, alles überwacht. Das ist ein »smorzo«, und es wäre interessant, zu erfahren, woher dieses Wort stammt. Es läßt an eine Welt denken, die weniger wird, die, nach einem großen Aufflammen, verlöscht: und in Wirklichkeit ist es ein Beginn, eine Kohlenglut, die Voraussetzung für ein Haus und für neue Wärme. Einen solchen Ort gibt es etwa unterhalb des Viale Alessandrino, am Rande der Palmiro Togliatti, und man könnte jahrelang daran vorbeifahren, ohne ihn zu bemerken, aber die Menschenmenge, die sich im Winter und im Sommer ab dem Morgengrauen davor versammelt, zwingt dazu, sich Fragen zu stellen, nachzudenken, mitzuleiden. Diese Männer sind rumänische, polnische, ukrainische Hilfsarbeiter, und sie versammeln sich hier, bewegungslos, am Rand des Gehsteigs sitzend oder stehend, um darauf zu warten, daß irgend jemand kommt, sie für den Tag anzuwerben, daß er sie auflädt und zu irgendeinem Schwarzbau oder in eine Wohnung mitnimmt, die neu hergerichtet wird, dorthin, wo man Leute benötigt, die wenig kosten und ihr Handwerk gut verstehen. Sie haben würdevolle und melancholische Gesichter, sie wissen, daß sie nichts anderes tun können als warten, auch wenn die Sonne sticht oder es stark zu regnen beginnt. Sie sind gekleidet wie Italiener in den fünfziger Jahren, graue Hosen, karierte Hemden, Jacken aus dem Kaufhaus, Sachen, die sie in Krakau, in Bukarest oder auf der Piazza Vittorio gekauft haben. Alle haben eine Tasche mit ihrem Handwerkszeug und mit Essen für die Mittagspause umgehängt. Sie rauchen schweigend, sprechen nicht, warten auf Arbeit. Irgendeiner ist zwanzig, aber zum größeren Teil sind es erwachsene Männer, und es gibt auch den einen oder anderen Alten, der vielleicht nicht damit gerechnet hat, immer noch am Straßenrand auf Arbeit warten zu müssen. Gegen eins sind nur noch wenige da, glücklos, hartnäckig, würdevoll. Ihr Mut sinkt nicht und lehrt den, der vorüberkommt und hinsieht, viele Dinge.

Im klassischen Altertum wurde das Leben von den Hüterinnen des menschlichen Schicksals, den drei Moiren – Klotho, Lachesis und Atropos – gesponnen, bemessen und abgeschnitten. Die Mosaiken und Reliefs stellen sie als mit der Spindel und mit der Zeit beschäftigt dar, als himmlische Schneiderinnen. An sie muß ich immer denken, wenn ich durch die Via di Fontanella di Borghese komme, wo mich ein winziger Laden anzieht, in dem drei Frauen ohne Unterlaß Nadel und Faden handhaben, zwischen Bergen von Kleidern und Stoffen. Die Werkstatt stellt sich auf einem bescheidenen Schildchen vor, auf dem zu lesen ist: »Kunststopfen«. Und es gibt sie seit den frühen sechziger Jahren, aber vielleicht auch schon länger, vielleicht schon immer. Diese Frauen haben die Geduld und das nötige Geschick, jedes Loch und jeden Riß zu reparieren, Fülle wiederherzustellen, wo bloß Leere ist. In einer Welt, die herstellt, kaputtmacht und wegwirft, sind sie die Vestalinnen der Dauerhaftigkeit und der Heilkunst. Sie stellen das Unsichtbare her, das heißt das höchste der Wunder. Wer den schönsten Anzug durch Zigarettenglut oder durch einen widerborstigen Haken zerstört hat, kann noch hoffen, daß alles wie früher wird, daß das Mißgeschick durch ein Wunder verschwindet, unsichtbar wird. Andrea Zanzotto behauptet, daß es Aufgabe des Dichters sei, die Leere, die es in der Welt gibt, durch den Schußfaden der Verse zu reparieren, »weil am Anfang die Leere, die Verneinung steht«. Die Kunststopferinnen der Via di Fontanella di Borghese tun die gleiche Arbeit; unter den Lichtkreis einer Lampe gebeugt, stellen sie mit wachsamen Augen und fleißigen Nadeln die Unversehrtheit eines Stoffes wieder her. Wenige Meter weiter, entlang der Via del Corso oder in den Palästen der Politik, stößt und zerrt die Welt, plärrt aus Schaufenstern und von den Ladentischen, macht sich breit und täuscht Bedeutung vor, und oft zerreißt der Stoff des Lebens unter der entfesselten Gier. Hier dagegen ist alles Ruhe, Hingabe und Sorgfalt. Die Arbeit nimmt kein Ende, Mäntel, Leintücher, Hemden und Hosen türmen sich auf wie Verletzte in einem Feldlazarett, und laufend kommen neue hinzu. Der Dichter sucht durch die Worte die weit auseinanderklaffenden Ränder wieder zusammenzubringen, die Verletzung der Existenz zu reparieren – und die drei Frauen nähen ohne Unterlaß. Ihr Gewerbe hat denselben Sinn wie jede Form von Kunst, die, auf dem Höhepunkt ihrer Tugend, verschwindet, um der transparenten Anmut der Vollendung Platz zu machen.

Ich hoffe, daß sich irgend jemand an einen der poetischsten Filme der letzten Jahre erinnert: *Ed Wood* von Tim Burton. Er war kein großer Erfolg, und das ist schade, weil er in bewegender und erheiternder Weise das Leben von einem erzählt, den eine grausame Abstimmung unter Kinoexperten zum schlechtesten Regisseur aller Zeiten gewählt hat. Ed Wood drehte wenige Filme, alle waren fürchterlich, aber das schmälert in keiner Weise die Tatsache, daß er ein besessener Künstler war, dem Kino mit einer Glut verfallen, wie sie unserer Meinung nach nur die Genies aufbringen. Auch in der römischen Renaissance, in der Epoche der absoluten Talente, gab es einen Ed Wood. Er hieß Jacob Cobaert, genannt Copé, kam aus Holland und suchte die Kunst der Bildhauerei bei den großen Meistern zu lernen. Er schlug sich durchs Leben, indem er Gußformen für Goldschmiede und Elfenbeinschnitzer herstellte, und dabei träumte er von der Bildhauerei. Mehr als dreißig Jahre widmete er all seine geheime Energie dem Schaffen eines einzigen Werkes, eines San Matteo, den die Brüder von San Luigi dei Francesi bei ihm in Auftrag gegeben hatten. Sein Biograph beschrieb das so: »Cobaert widmete seine ganze Lebenszeit dieser Statue, ließ sie nie jemanden sehen, auch wußte er nicht die Hände davon zu lassen, wie derjenige, der nicht mit Marmor umzugehen vermag, und er wollte auch keinen Rat oder Hilfe von irgend jemandem annehmen.« Mehr als dreißig Jahre Meißel und Ausdauer, und als die Statue endlich den Auftraggebern gezeigt wurde, wurde sie auf der Stelle zurückgewiesen, weil sie so plump und unschön war. Die anderen römischen Künstler schufen ein Hauptwerk nach dem anderen mit der Leichtigkeit dessen, der weiß, wie es geht, während Cobaert sich für eine einzige Scheußlichkeit abplagte. Man kommt nicht umhin, Sympathie für einen derart absoluten und gescheiterten Glauben zu empfinden, und die häßlichste Statue der Renaissance muß unbedingt besucht werden, um Copé für diese schreckliche Frustration zu entschädigen. Heute befindet sich der San Matteo in der Chiesa Santissima Trinità dei Pellegrini, auf der Piazza dei Pellegrini. Es ist das ein Delirium aus Marmor, eine schiefe Figur, ganz und gar gekräuselt, unvergeßlich. Neben der Kirche steht das Hospiz, in dem 1849 an seinen Wunden der heldenhafte Goffredo Mameli starb, ein anderer Künstler, dessen Name an ein unbeholfenes Werk geknüpft ist: aber bisweilen zählen die Vorsätze mehr als die Ergebnisse, und es kann geschehen, daß man auch die edlen Mißerfolge liebt.

In dem Film *Roma* hat es Federico Fellini verstanden, einige der besonders typischen Eigenheiten unserer Stadt auf geschickte Weise überspitzt zu zeigen: die geräuschvollen Trattorien, die Hölle des Raccordo Anulare, das Verblassen von Kunst und Geschichte, den derben und kecken Geist des Varietés, den Wirrwarr Trasteveres, die verschrumpelte Blasiertheit der Aristokratie. Die Szene aber, die sich unserer Erinnerung am deutlichsten eingeprägt hat, ist gewiß die kirchliche Modenschau im Salon eines alten Adelspalastes. In diese ausgefallenen Gewänder war der theatralische Geschmack des Barock ebenso hineinverwoben wie die magische Kraft der Religion. Das waren Wunder an Stoffen und Farben, prunkende Erfindungen einer himmlischen Schneiderei, wahnwitzige Explosionen von Licht und Schatten. Die ärmlichen Fetzen von Christus und seinen Aposteln waren zu fürstlichen Gewändern geworden, Symbole für eine Autorität, die sich auch durch ihre Vorstellungskraft der einfachen Seelen zu bemächtigen vermag. Auch heute noch hätte Fellini sein Vergnügen daran, durch die Via dei Cestari zu spazieren, einer in ihrer Art einzigartigen Straße auf der Welt, und er würde verzaubert vor den Auslagen der vielen Geschäfte stehenbleiben, in denen man die Paramente und die Geräte für die religiösen Zeremonien verkauft. Darunter gibt es auch einfache Windjacken für den Ausflug der Pfarrgemeinde, unauffällige Jäckchen und Strümpfe aus Wolle für die keuschen Nächte der Nonnen, schwarze und graue Pullover für den braven Vorstadtpfarrer und feste Ledersandalen für großherzige Franziskanermönche. Aber das, was unser Erstaunen hervorruft, sind die goldenen Kelche und die bestickten Stolen, die Kaseln und die anderen Meßgewänder, die strahlenden Monstranzen und die fein durchbrochenen Weihrauchgefäße, die Kerzenleuchter in allen Formen und die Heiligenstatuen in allen Größen:

Man verharrt davor mit offenem Mund wie vor dem Koffer eines Zauberers oder eines großen Zirkusartisten, alles verweist auf ein glänzendes Schauspiel, auf eine Inszenierung, die uns überraschen wird. Es ist nicht möglich, durch die Via dei Cestari zu gehen, ohne wie Kinder vor so viel Phantasie innezuhalten. Es versteht sich, daß die römische Kirche die Psychologie der Gläubigen seit Jahrhunderten gut kennt: um in der Seele Einlaß zu finden, heißt es die reinen Worte des Evangeliums zu verbreiten, um aber die Augen zu verführen, bedarf es des Feuerwerks, der reichen Illusionen des Theaters.

Einer der Tempel des modernen Geistes – ein Ort, der auf der ganzen Welt gleich aussieht, Vaterland ohne Flagge, barmherziges Niemandsland – ist der Autogrill. Die Kinder, die diese Lokalitäten voller Plüschspielzeug und Schokoladestangen, Bällen und Bonbonketten heiß und innig lieben, laufen auf den Gängen hin und her, aufgeputscht von den »kurzen Orgasmen des Shopping«, wie Andrea Zanzotto das nennt. Aber der Autogrill gefällt auch den Erwachsenen, die für einen Augenblick die Anspannung der Reise hinter sich lassen und Schutz an diesen metallisierten Tresen finden, wo niemand einen wiedererkennt und einem Fragen stellt. Im Autogrill müssen wir keine Rechenschaft ablegen, die Kassiererin wird uns nie gealtert oder nervös finden, für kurze Zeit sind wir nur Menschen, die sich aus der Strömung gelöst haben, um wieder zu Atem zu kommen. Wir kaufen die Zeitung und vielleicht auch ein Lotterielos, weil wir wissen, daß sie hier die Milliardenlose anbieten und daß sich nie jemand an uns erinnern wird. Auch Rom verfügt jetzt über seine prima Autogrills, es hat sie, gleich Flußhäfen, entlang des Grande Raccordo, unseres Ganges, aufgereiht. Der, bei dem ich jeden Morgen anhalte, heißt »Casilina Interna« und gleicht wundersamerweise all den anderen. Vor dem Tresen wechseln einander Hunderte Personen ab, jeder verlangt seinen Kaffee, stürzt ihn hinunter und läuft fort. Und dennoch ist es interessant, in diesen kurzen Augenblicken zu entdecken, wie jedes Individuum Kind seiner besonderen Wünsche ist, seiner allerprivatesten Neigungen. Einen *caffè lungo*, verlangt der Herr zur Rechten, gerade nur *macchiato*, verlangt ein anderer, im Glas und mit Schaum, fordert der dritte. Es ist der Katalog der Unterschiede: *caffè corretto al mistrà* oder *alla sambuca*, mit kalter Milch oder mit heißer, in der großen Tasse, *molto ristretto*, doppelt, dreifach, Malzkaffee, die Milch extra, mit viel Zucker, ohne Zucker, mit Süßstoff; und da gibt es da noch die unendlichen Varianten beim Cappuccino oder beim Caffelatte, behutsamste Nuancen, unantastbar, auf die Gefahr von Streit oder Verweigerung hin zu verteidigen. Am Grund jeder Tasse erkennt man einen Charakter, ein Leben, das darauf beharrt, nicht verwechselt oder angepaßt zu werden. Um sieben Uhr morgens entdecken wir in jedem x-beliebigen Autogrill der Welt, wie gleich wir alle sind, wie unverrückbar verschieden.

Wo in Rom könnte heute nacht das göttliche Kind geboren werden? Welche feuchte Höhle oder trostlose Bank oder elende Garage könnte durch sein Erscheinen geheiligt werden? Über welcher eisigen Ecke der Stadt könnte der geschweifte Stern sich anheften, um die Blicke und die Schritte der einfachen Menschen zu lenken? Ich stelle mir vor, daß Josef und Maria, nachdem sie lange auf der Suche nach einer Zuflucht umhergezogen sind, kurz vor Mitternacht den Abhang der Via dei Ruderi di Casa Calda, in Torre Maura, hinaufsteigen werden. Dieser Name – das warme Haus – wird vielleicht ihre begrabenen Hoffnungen wiedererwecken, die Vorstellung von einem Haus und von etwas Wärme wird sie bis zu dieser Anhöhe auf dem Hügel treiben, zwischen den zerfallenen Resten eines alten Turms und den sonderbaren Formen zweier Gehöfte, von denen nicht zu erkennen ist, aus welcher Zeit sie stammen. Vielleicht müßten sie den Herumtreibern eine Ecke streitig machen, die bis hier heraufkommen, um zu saufen und sich zu prügeln. Unter dem finsteren Himmel müßten sie ihre Bleibe von zerbrochenen Flaschen und den Wracks von Mopeds säubern. Es wird keine leichte Nacht werden, für einige Stunden werden nur Kälte und Furcht dem jungen Paar und seinem neugeborenen Kind Gesellschaft leisten. Die tausend Gespenster der Angst, die bis zu diesem windigen Hügel hinaufkriechen, bis hin zu dieser zerbrechlichen Zärtlichkeit, werden ihren Frieden bedrohen. Der Morgen aber wird eine Landschaft als Geschenk darbieten, so perfekt, wie es kein Hintergrund aus Papiermaché sein könnte. Sein Neugeborenes in den Armen, wird Josef sich erheben, sich die Beine vertreten, im Mund einen erloschenen Zigarettenstummel, den Sohn in einen alten Wollschal gewickelt: und er wird über die Überraschung lächeln, am Fuße des Hügels, hier, mitten in der Großstadt, bebaute Felder, Weinberge, Obstgärten und weiter dahinter die Bögen eines römischen Aquädukts und weiße Schafherden vor der Kulisse der Hochhäuser der Peripherie zu sehen, während auf der Straße unten die ersten Autos, dampfend vor Kälte, vorüberfahren werden. Auf dem angrenzenden Feld wird Josef einen riesigen wilden Feigenbaum erblicken, neben einem Bewässerungstank hochgewachsen, einen unvergleichlichen, wundervollen Baum, der ihn an Palästina denken lassen wird und an das Leben, das mutig in die Welt tritt und sich, wo auch immer, nicht unterkriegen läßt. Er wird zu ihrer Hütte Hirten und Einsame aufsteigen sehen, Bauern und Obdachlose, wie kleine Statuen über diese wunderschöne Krippe verteilt.

Man sollte das Jahr viel leichter beginnen, sich wie vertrauensvolle kleine Vögel fühlen, die vom Wind ins Freie getragen werden und dabei unnötigen Ballast aus Körper und Geist zurücklassen. Leider aber machen die Feste dick; Silvesteressen und Süßigkeiten und Weine jeder Art haben sich an unseren Hüften angesetzt, und auch die Gedanken, die doch eigentlich Flügel und sangesfreudige Schnäbel anlegen sollten, bewegen sich schlaff und schwankend wie der Weihnachtskapaun. Ich schlage deshalb für diesen Januarsonntag vor, daß wir die 122 Stufen zur Kirche Santa Maria in Aracoeli hinaufklettern, bis auf die Spitze des Hügels. Der Aufstieg nimmt uns den Atem und entlockt uns den einen oder andren Fluch, er demütigt uns, die wir schwer und ballastbeladen sind: Aber jetzt haben wir es geschafft, endlich geschafft! Vornübergebeugt holen wir wieder Atem und betreten die Kirche. Rechts befindet sich eine Kapelle, von Pinturicchio mit herrlichen Fresken ausgestattet, links die Krippe mit der Kopie des berühmten juwelenbedeckten Jesuskindes, das vor einigen Jahren gestohlen wurde: Werfen wir ruhig einen Blick darauf, würdigen wir es von Herzen, aber dann ziehen wir weiter in die Ecke links vom Hochaltar. Hier, in Schatten gehüllt, erwartet uns das gleichzeitig grandioseste und lächerlichste Monument der Fettleibigkeit, das je geschaffen wurde, eine Statue, die um einige Jahrhunderte die komischen Dickwänste Boteros vorwegnimmt. Es ist das eine Skulptur von 1522, Werk eines gewissen Domenico Aimo, und stellt Papst Leo X. dar. War es Bosheit oder Unvermögen, die den Meißel des Künstlers geführt haben? Wie ist es möglich, daß in der Zeit, in der uneingeschränkt die Idee des ideal Schönen und der Harmonie regierten, im Rom Raffaels und Bramantes, sich der Papst als unverbesserlicher Fettwanst verewigen ließ, als ein an der Waage Verzweifelter, ein Faß aus Fett und Marmor? Leo X. war nicht nur ein echter Meister der Intrige, ein Nepotist und Ablaßhändler, sondern auch ein echter Beschützer der Schönheit, er kannte und unterstützte die Besten unter den Malern und Dichtern: Weshalb also war er damit einverstanden, als unersättlicher Dickhäuter dargestellt zu werden? Antwort darauf gibt es keine, doch macht diese häßliche Statue lächeln und erinnert uns daran, trotz unsrer Selbstkasteiungsvorsätze zu Jahresanfang, wie angenehm es doch bisweilen ist, sich der unerträglichen Leichtigkeit des Seins zu entziehen, dadurch, daß man in die Trattoria flüchtet und ohne Reue im Zentrum des Lebens lastet.

Auf der Via Nazionale gibt es eine Kirche, die wir, im Verkehr eingekeilt, immer bloß flüchtig betrachtet haben: San Paolo entro le Mura. Die Fassade aus dem 19. Jahrhundert, von den Abgasen der Autos geschwärzt, nimmt unbeholfen bestimmte Motive der toskanischen Gotik auf und scheint nichts Besonderes zu verheißen. Bleiben wir dennoch stehen und treten wir ein: uns erwarten eine schöne Überraschung und ein Skandal, Bilder, die die Augen füllen und manche träge gewordene Gewohnheiten unseres Denkens umkehren werden. Hinter dem Altar, im oberen Teil der Apsis, finden sich außergewöhnliche Mosaiken der präraffaelitischen Schule, ein Werk von Edward Burne-Jones. Auch heute noch benutzen wir, wenn wir eine ephebische, nahezu körperlose Schönheit benennen wollen, das Adjektiv präraffaelitisch. Diese künstlerische Bewegung war in England gegen Mitte des 19. Jahrhunderts entstanden und wollte der Brutalität der Industriegesellschaft entgegentreten, indem sie eine alte, sogar noch der Renaissance vorausgehende Malweise propagierte, dazu imstande, die spirituellen Werte des Mittelalters aufrechtzuerhalten. Ihre berühmtesten Vertreter waren Dante Gabriel Rossetti, Maler und Übersetzer des *dolce stil nuovo*, John Everett Millais und eben Burne-Jones. Natürlich hängen ihre Bilder in den Galerien von London und Manchester und in vielen Museen Nordeuropas: aber in Rom lassen wir es uns, zumindest, was die Kunst anbelangt, an sonst nichts ermangeln, und so besitzen wir eben auch unser anständiges präraffaelitisches Meisterwerk. Es ist dies eine staunenerregende Komposition, in der die fundamentalen Symbole des Christentums vertreten sind:

der thronende Christus befindet sich oben, die Arme vor dem Baum der Erkenntnis ausgebreitet, zwischen Adam und Eva und deren Erstgeborenem, weiter unten sind Engel und Erzengel von unterschiedlicher Größe und unterschiedlichem Rang; noch weiter unten das Himmlische Jerusalem und fünf Gruppen von Personen: die Asketen, die demütigen frommen Frauen, die Kirchenväter, die Heiligen und die Krieger, unter denen sich unerwartet die Profile von Abraham Lincoln und Garibaldi abzeichnen. Im Zentrum von allem, um zu segnen und dieses heilige Pandämonium zu vereinen, befindet sich das Abbild Gottes, die Weltkugel in einer Hand. Je länger wir das Mosaik betrachten, desto mehr staunen wir, und nach und nach wird unser Denken von einer seltsamen Erschütterung erfaßt: denn dieser Gott, glaubt mir, ist eine Frau.

Jeden Sonntag versuche ich eine Insel im großen Meer der Stadt zu erkennen: und das können Bilder oder Bäume, Bücher oder Winkel im Halbschatten, Statuen oder Brunnen sein, Plätze, die sich nahezu verbergen, um nicht ausgelöscht zu werden, wie die wunderschönen Katzen, die wir zusammengekauert unter dem Kotflügel eines geparkten Wagens entdecken und die uns mit angespannten Muskeln und aus Augen voller Angst beobachten, weil sie gesehen haben, wie viele Gefährten durch rasende Autos überfahren wurden. Wenn wir uns ihnen zu rasch nähern, um sie zu streicheln, ziehen sie sich zurück und lassen sich nicht mehr blicken. Im Grunde aber liegt der Wert der Dinge ja vor allem darin, wie wir sie betrachten: jede Katze kann selten und kostbar sein wie ein bengalischer Tiger, und auch der scheinbar allerbanalste Ort kann ein Photo und einen Rahmen verdienen wie ein aztekischer Tempel oder ein ferner Strand. An das alles dachte ich, während ich im Wagen auf dem kleinen Hügel über der Via Olina, bei Torre Maura, saß. Ich hatte eine Stunde Pause und nichts zu tun, es sei denn, zu begreifen zu suchen, was ich vor mir sah: eine trostlose Gegend mit bescheidenen Häusern, bei denen die Ziegel bloßliegen, mit schwankenden Fernsehschüsseln auf den Dächern. Im ersten Stock putzte eine Chinesin sorgfältig ihre Fenster, während in der Waschmaschine auf dem Balkon bunte Wäsche kreiste. In einem kleinen betonierten Hof spielten winzige Kinder, weiße, schwarze, gelbe, auch sie liefen hintereinander her und drehten sich fröhlich im Kreis, wie die Wäsche in der Waschmaschine. Dann gingen drei junge Nigerianerinnen mit gesenktem Kopf vorüber: in Plastiktüten führten sie die armseligen Kleider mit sich, die sie später tragen würden, in den Alleen, wo sie sich prostituierten. An einer Seitenwand stand: »Insieme a te è stato un *h*anno indimenticabile.« Akkurat so, mit einem H. Und dann glitt ein hellblauer Fiat Ritmo auf mich zu, eine echte Schrottlaube, im Schrittempo von einem Zigeuner gelenkt, der sich vor Lachen kaum halten konnte: auf der Motorhaube balancierte ein halbkahler Kater, er schien wie die Galionsfigur dieses Wagens, dieses Lebens: und dazwischen putzte die kleine Chinesin weiterhin ihre Fenster, um sie immer klarer zu bekommen, und mir kam vor, als wollte sie mir sagen: Mach's mir doch nach, schau zu, daß dein Blick klar wird.

In den letzten Jahren ist das Ansehen anonymer Räume unverhältnismäßig gewachsen, solchen ohne Unterscheidungsmerkmale, überall auf der Welt gleich. Die Autobahnen, die Motels, die Flughäfen, die Spielsäle, die McDonald's-Filialen scheinen jene Örtlichkeiten, an denen sich eine Menschheit einnistet, die weder eine Behausung noch Traditionen hat. Beim Betrachten der Videoclips und der Filme nehmen wir die neuen Verhaltensweisen von Menschen auf, die einander auf den Rolltreppen eines Einkaufszentrums oder entlang der Gänge eines Supermarkts begegnen und wieder aus den Augen verlieren, in New York wie in Tokio, in Mailand wie in Berlin. Wir sind Kinder einer einzigen Menge, und die neuen Plätze, auf denen wir leben, wiederholen sich langweilig in einer Flucht von Spiegeln: zwischen hier und dort gibt es keine Unterscheidung, eine einzige neutrale Entfremdung absorbiert die tausend Unterschiede. Es scheint, als habe dieselbe Hand alle Autogrills des Westens entworfen, und vielleicht ist es dieselbe, die die unendlichen Brötchen zubereitet hat, die, alle gleich, auf den Tresen aus Edelstahl aneinandergereiht sind. Auch unsere persönliche Geschichte riskiert es, auf schreckenerregende Weise jener von jedem andern zu gleichen. Deshalb gefällt es mir, als Insel dieser Woche auf eine römische Tankstelle hinzuweisen, die ein archäologischer Fund scheint, das Produkt einer Ära, in der vielleicht auch die Dinge ihren Launen freien Lauf ließen, indem sie eine eigene Identität forderten. Wenn man über die Flaminia in die Stadt kommt und den Centro RAI und die Abzweigung nach Tor di Quinto hinter sich läßt, findet man rechts eine komische weißblaue Tankstelle mit ihrer hübschen kleinen Bar und der schäumenden Waschanlage. Das sieht aus wie ein großer Mollton aus Beton oder wie ein riesiger Toaster, das Deckel-Vordach durch vier Wellen hochgekurbelt, die sich aufbäumen und dann wieder herabsinken. Wenn wir stehenbleiben, um vollzutanken, können wir uns leicht Gassman und Trintignant im mythischen Sportwagen vorstellen und, in der Bar, dabei, irgendeinen Betrug auszuhecken, die sympathischen Gauner aus *Il Bidone* von Fellini. Es scheint, als würden uns diese Liter Treibstoff zum Kursaal nach Ostia bringen oder unter das Schilfdach irgendeines kleinen Restaurants der sechziger Jahre, am Ufer des

Tyrrhenischen Meeres. Dafür, wie schön sie ist und von wieviel Freiheit sie erzählt, gehörte diese kleine Tankstelle geschützt wie ein Denkmal, wie eine Ausnahme, die sich über die Regeln lustig macht.

Es war einmal der Zoo von Rom: heute ist es der »Biopark«. Außer dem Namen hat sich manches geändert, etwa die Art, wie die Braunbären gehalten werden, die jetzt in einem weiten und freundlichen Ambiente leben, mit vielen kleinen Wasserfällen und grünen Wiesen, oder das Leben einiger komischer Gefiederter, wie etwa die Pfaue, die wie Damen im Park umherspazieren und sich manchmal auch darüber hinauswagen, in Richtung der Wiesen der Villa Borghese. Aber es gibt immer noch viel Leid in diesen engen und grausamen Käfigen, es tut einem das Herz weh beim Anblick der zwischen den Eisenstäben eingekerkerten Gorillas und Panther, Tausende von Meilen von den offenen Ebenen Afrikas entfernt. Um nicht ihren erloschenen und resignierten Blicken begegnen zu müssen, um mich nicht für ihre entsetzliche Melancholie und diese verzweifelten Schreie verantwortlich zu fühlen, wende ich mich sofort feige nach rechts und peile das Reptilienhaus an, ein kreisförmiges Gebäude, lautlos wie ein Bunker. Da drinnen bewahrt man unsere am allerweitesten zurückliegende Vergangenheit auf, hier wohnen unsere schuppigen und zischenden Urgroßväter, die ehemaligen Beherrscher der Welt. Sie leben abgeschieden und unbeweglich in ausgeklügelten Behältern aus Glas, und manchmal hat es wirklich den Anschein, als würde man Gürtel aus Schlangenleder und seltsame Täschchen aus Pythonhaut betrachten, vergraben in ein Habitat, das irgendein phantasievoller Schaufensterdekorateur aus der Via Condotti sich hat einfallen lassen. Da gibt es sorgfältig aufgestreuten Sand, da sind dürre Holzstäbchen und winzige Teiche und in einer Ecke diese urtümlichen Geschöpfe, zusammengekauert, monströs, die Namen tragen, wie man sie nur in Märchen antrifft: Algerische Glattechse, Bärtiger Drache, Gila-Krustenechse, Gelbbauchunke, Fransenschildkröte und Tomatenfrosch. Und dann, plötzlich, bewegt sich etwas, unvorhergesehen wie ein verdrängter Gedanke, beinahe vergessen: ein Köpfchen züngelt, zwei Körperwindungen lockern sich, ein Schwanz zuckt, und vom Rücken ins Genick steigt uns ein Schauder hoch, der nicht nur Entsetzen ist. In diesen mineralischen Augen erhaschen wir schlagartig ein kaltes Licht, das das tiefste Dunkel erhellt, und auf diese Weise fühlen wir, so absurd es auch klingen mag, daß diese schreckenerregenden Scherze der Natur ein Teil von uns sind, der leidet und nicht versteht, warum. Dieser Teil bleibt hinter dem Panzerglas, und es kommt uns vor, als würde er uns ansehen und beneiden: Du, der du fortgehen kannst, laufen, lieben, vergiß nicht mich, der ich hier bleibe, begraben in diesen Schuppen, unten, in den Urgründen des Lebens.

Beim Herumwandern auf den Fernsehkanälen geschieht es einem oft, daß man sich operettenhaften Hellsehern gegenübersieht: normalerweise sind das dicke Frauen, beladen mit Ringen und Ohrgehängen, eingehüllt in komische Wintermäntel, Frauen, die die Zukunft ergründen, indem sie mit schmierigen Tarockkarten hantieren. Die Leute rufen an und stellen hoffnungsvolle Fragen, sie möchten erfahren, wie das Examen des Sohnes verlaufen wird und die Ehe der Freundin, und sie geben immer beruhigende Antworten, sibyllinisch eigentlich bloß im Sinn mangelhafter Syntax. Ganz anders stellen wir uns die wirklichen Sibyllen vor, halbgöttliche Geschöpfe, Jungfrauen, wunderschön und besessen, durch die sich die geheimnisvolle Stimme des Schicksals offenbarte. Ihre Worte waren doppelsinnig, und normalerweise enthüllte sich ihre Wahrheit erst viel zu spät, wenn die Ereignisse über dem Haupt dessen, der, ohne zu begreifen, zugehört hatte, wie Dächer eingestürzt waren. Wenn wir Römer die schönsten Sibyllen aller Zeiten sehen wollen, dann ignorieren wir die lächerlichen Fernsehprophezeiungen und machen uns nach Santa Maria della Pace auf, bewundern rasch die von Pietro da Cortona entworfene barocke Fassade, Jahrzehnte schwarz wie Kohle und jetzt weiß wie ein Sahnebaiser, besuchen den wundervollen Kreuzgang Bramantes und widmen uns dem von Raffael gemalten Fresko. Es befindet sich oben rechts, gleich wenn man die Kirche betritt, und wurde vor kurzem restauriert: Früher waren diese Sibyllen bedrohliche Schatten, gebräunte Gespenster, und jetzt leuchten sie endlich wieder in den ursprünglichen Farben. Es sind vier: die Cumaea, die Persica, die Phrygia und die Tiburtina, dicht nebeneinander und doch jede für sich, und sie besitzen die perfekte und flüchtige Grazie jener Mädchen, die wissen, wie das Leben ist, weil sie es von oben, von fern, betrachten, ohne es berühren zu können. Jeder von uns hat eine solche Freundin gehabt, ein melancholisches Geschöpf, das sich an nichts beteiligte und alles wußte, eine, die für alle unentzifferbare Gedichte schrieb. Die vier Sibyllen schreiben ihre Worte auf Papierrollen, und hinter ihnen befinden sich ihre Einflüsterer: kleine Engel, die Seelen unschuldiger und boshafter Kinder, die den Mädchen die Wahrheit zuflüstern und über unsere komische Zukunft lächeln. Wir stehen darunter, in der Kirche, in der es ein bißchen kalt ist, und stellen uns Fragen, und sie sind dort oben und sagen etwas und nichts. Aber ihre Schönheit ist von solcher Art, daß sie uns heute wie eine Antwort gilt.

Jedem kann's geschehen, einen Freund durch die Stadt führen zu müssen, der Rom wenig oder gar nicht kennt, der bloß einen Tag bleibt und soviel wie möglich sehen will und der nie müde oder satt wird. Das sind dann zermürbende Gewalttouren, man wird aus einem Teil der Stadt in den anderen geschleudert, keuchend werden Kuppeln und Ruinen aneinandergereiht, Plätze und Panoramablicke, stille Kreuzgänge und Freitreppen. Man beginnt um acht Uhr morgens, frisch und voller Tatendrang, und trabt dahin bis in die tiefe Nacht, marmorschwere Beine hinter sich herziehend. Diese Freunde sind nicht umzubringen, neugierig wie die Affen, werfen sie einen gierigen Blick auf Meisterwerke, für die ein Leben nicht ausreicht, sie zu würdigen, und schon wollen sie etwas anderes sehen, alles sehen. »Und was jetzt?« fragen sie aufgekratzt, und los, weiter geht's, weil die Gastfreundschaft heilig ist und weil wir sie im Grunde ja doch verblüffen wollen. Wir möchten, daß sie uns im Augenblick der Abreise (bis dahin sind es noch etliche Stunden, verdammt) dankbar umarmen und gestehen: Ich hätte nicht gedacht, daß Rom so schön ist. Einmal ein Happen hier, dann ein Bissen dort, hundert flüchtige Blicke, und endlich ist es darüber Nacht geworden. Wir haben unsere Rolle so gut wie möglich gespielt, man könnte schlafen gehen, aber sie möchten noch irgend etwas erhaschen, irgend etwas Ausgeflipptes, irgendein bizarres Fleckchen sehen. Sie möchten die letzte

Zigarette an einem ganz besonderen Ort rauchen und vielleicht, das ist ja doch das mindeste, auch noch ein bißchen freundschaftlich plaudern. Wir könnten sie auf den Celio bringen, auf die Piazza Santissimi Giovanni e Paolo, oder uns auf die kleine Mauer gegenüber von San Pietro in Montorio setzen, aber wir sind schon zu weit weg, also halten wir zielbewußt auf die Piazza Mincio zu, im Herzen des winzigen Coppedè-Viertels zwischen Via Po und Corso Trieste, das nach dem römischen Jugendstilarchitekten benannt ist. Und jedesmal ist das ein gelungener Schachzug: Vielleicht gerade deshalb, weil sie der endlosen Schönheiten Roms überdrüssig geworden sind, bleiben die Freunde beim Anblick dieses Viertels an der Peripherie wie verzaubert stehen, das, bei anderer Gelegenheit, als Ausbund schlechten Geschmacks erscheinen könnte. Am Rand des Brunnens sitzend, in den zu Schulabschluß die schönsten Mädchen aus dem Liceo Avogadro geworfen werden, inmitten dieser Marzipanhäuser, die einem Märchenbuch entnommen scheinen, vor diesen pseudogotischen Portalen, aus denen ein Zwerg oder eine Hexe schlüpfen könnte, drücken uns die Freunde bewegt die Hand und schwören: Nächste Woche kommen wir wieder, ganz bestimmt.

Nach der christlichen Tradition sind es die Engel gewesen, die den Stein, der das Grab Christi verschloß, fortgewälzt haben, und deshalb ist es nur gerecht, ihnen diese österliche Insel zu widmen. Im übrigen wird Rom von unendlich vielen himmlischen Gefiederten durchflogen. Cherubine und Erzengel breiten die Flügel aus und blasen Posaunen auf tausend Gemälden, in den Marmor eingetaucht, schwingen sie Schwerter und halten die Symbole der Passion, sie flößen Furcht ein oder sind pausbäckig, sie schwanken zwischen Erde und Himmel, flüchtige Formen des Windes und der Barmherzigkeit. Für uns Römer sind sie tägliche Erscheinungen, sie sind überall um uns, wie die Tauben auf den Plätzen oder die Möwen, die über dem Tiber kreisen, sie bilden Anhaltspunkte für die Augen, die den Himmel suchen, Treppen für die Einbildungskraft. Jeder von uns hat seinen Lieblingsengel, für dessen Beschützer er sich hält. Unser irdischer Blick ist sein Sockel, unsere Aufmerksamkeit die Luft, die ihn trägt. Mein Lieblingsengel steht auf dem Gesims von Sant'Andrea della Valle, in der oberen linken Ecke, und er scheint unentschlossen, ob er fortfliegen oder zu den Menschen hinuntersteigen soll, durch den Zweifel gepeinigt, der die Engel über Berlin so hat leiden lassen. Er ist das Werk eines Bildhauers des 15. Jahrhunderts, eines gewissen Ercole Ferrata, wenig bekannt und vielleicht auch nicht sehr gut, wenn man bedenkt, daß Papst Alexander VII. so ungehalten über diese Skulptur gewesen sein soll, daß er dem Künstler das Geld für den zweiten Engel verweigerte, jenem, der die Fassade im Gleichgewicht hätte halten sollen. Heute wächst an der leeren Stelle ein Strauch, ungezügelt und formlos wie der Riesenbengel auf der anderen Seite. Vielleicht könnten auch wir, würde man ihn aus der Nähe betrachten, seine Mängel erkennen, aber es ist nun einmal so, daß diese Adler, die auf der Fensterbank des Himmels stehen, von ferne, von unten betrachtet werden. Er (oder sie? Wie man weiß, bringt es nichts, sich darüber den Kopf zu zerbrechen) streckt einen Flügel majestätisch der Himmelsbläue entgegen und hat den anderen hinter dem Rücken eingezogen, als wollte er dadurch auf seine Schwierigkeiten hinweisen. Irgend jemand meint, daß er eine Allegorie der Fama sein könnte, die, wie die Engel, unter dem unbeständigen Hauch der Winde lebt, aber vielleicht hat er gerade deshalb einen zerbrochenen Flügel, damit er nicht mehr aus der Welt flüchten kann, und einen großen und intakten Flügel, um an die Grenzenlosigkeit der Träume zu erinnern.

Von irgendeinem Rand unseres Gehirns, seit Jahrhunderten dort eingewurzelt, dunkel genährt von Ängsten und Mißtrauen, hallt immer noch der Schrei »Mama, die Türken!« wider. Im Umgang mit den Moslems, die es in unsere Stadt verschlagen hat, bewegen wir uns immer noch mit Vorsicht und Argwohn, als würden wir unsichtbare Krummsäbel, brutalen religiösen Fanatismus, die Grausamkeit wilder Saladine fürchten. Die beste Art, diese Ängste loszuwerden und sich vielleicht auch ein wenig mit der islamischen Kultur vertraut zu machen, ist die, sich zur Stunde des Freitagsgebets vor der neuen Moschee unter den grünen Abhängen des Monte Antenne einzufinden. Entlang der Umzäunung fädelt sich gleich einer Karawane ein kleiner Markt auf, jüngerer Bruder der vielen lärmenden Basare, die den islamischen Ländern Farbe und Geruch geben, von Tanger bis Peschawar, von Istanbul bis Samarkand. Auf den Ladentischen werden Stoffe mit Arabeskenmuster angeboten und weiche Pantoffel, Dosen mit in Essig Eingemachtem und kleine Bündel Pfefferminzblätter für den Tee, Musikkassetten und religiöse Bücher, Overalls und Kaftane, Parfüms, Lidschatten und Tschadors, während überall dazwischen große Zylinder aus Fleisch bräunen, von denen Scheiben abgeschnitten werden, um die großen Fladen damit zu füllen, in die alle herzhaft hineinbeißen. Hier kommen Moslems zusammen, die aus den unterschiedlichsten Ländern stammen, sie sind olivfarben und schwarz, weiß und mandeläugig, und untereinander handeln sie, streiten und scherzen in der einzigen Sprache, die zumindest alle ein wenig beherrschen, das heißt in Italienisch oder eigentlich in einem bizarren Romanaccio. Hier hört man fesselnde Geschichten und lernt viel. Während man feilscht, kann man mit einem jungen Flüchtling über die Palästinenserfrage diskutieren, der große Lust verspürt, von den Rechten seines Volkes zu erzählen, der uns Photographien von seinem Haus zeigt und schwört, nur für einen gerechten Frieden kämpfen zu wollen, oder mit einem Bärtigen, der den Koran verkauft und dem viel daran liegt, uns, während er liebevoll sein kleines Mädchen an sich drückt, besser auseinanderzusetzen, was die wahre Rolle der Frauen im Islam ist. Und während wir eine hellblaue Kopfbedeckung mit goldenen Stickereien probieren, unterhalten wir uns weiter, klopfen einander gegenseitig auf die Schulter und fühlen, daß diese Leute keine Fremden sind, die man fürchten muß, sondern Menschen wie wir, Leute, die es in die Welt verschlagen hat, Leute aus Rom.

Der größte Erfolg des Fernsehens bleiben die Quizspiele, noch mehr, wenn sie mit der Sauce von Milliarden angereichert sind. Die Leute versuchen, von zu Hause aus zu antworten, auch ich versuche das, und in manchen Augenblicken vor dem Abendessen, wenn sich vielleicht so etwas wie eine leichte Betrübnis einstellt, ein vages Gefühl von Scheitern, genügen zwei richtige Antworten, um sich gleich wieder guter Laune und stolz zu fühlen. Für diesen

Sonntag schlage ich vor, man möge sich aus seinem Ohrensessel auf den Pincio verfügen, um in Gesellschaft eines Freundes oder der Verlobten Hirn und Beine wachzuschütteln. Wie bei jedem seriösen Quiz bedarf es einer Uhr: und die haben wir hier, es ist die fabelhafte Wasseruhr von Giambattista Embriaco, die vor kurzem restauriert wurde. Man blickt auf die Uhr, die immer falsch geht, ehrlich gesagt, und das Spiel kann beginnen. An den Seiten des Weges sind die Fragen aufgestellt: es sind die Büsten der berühmten Männer, diese schönen Köpfe aus Stein, an denen die Halbstarken so gerne ihr Mütchen kühlen. Von den berühmten, wie viele kennen wir da? Wie viele Punkte können wir insgesamt erreichen, dadurch, daß wir in unseren Erinnerungen an die Schule wühlen oder in irgendeiner weniger lang zurückliegenden Lektüre? Und unser Freund oder unsere Verlobte, wissen die mehr oder weniger? Bei Masaccio sind wir alle mit dabei, man weiß ja, daß er ein berühmter Maler des 15. Jahrhunderts gewesen ist, und wir kommen auch noch rasch und großsprecherisch bei Leopardi und Torquato Tasso voran. Aber bereits bei Paolo Sarpi und Annibal Caro beginnen wir zu schwanken, da scheiden dann schon die ersten aus. Der Freund oder die Verlobte scheinen über Personen, die sich für uns in Nebel aufgelöst haben, über Namen, von denen wir nicht mehr wissen, wohin damit, besser informiert zu sein: etwa Pietro Colletta oder Federico Cesi. Was waren die,

Patrioten, Wissenschaftler, oder waren es Künstler, waren es Historiker? Man kommt auch an Büsten von Männern vorbei, die inzwischen völlig unbekannt sind, man muß schon ein Champion sein, um zu erklären, wer etwa Montecuccoli oder wer Atto Vannucci gewesen ist, den eine launige Feder in Atto Vandalico umbenannt hat. Inzwischen genießen wir die Kühle unter den Roßkastanien, und so, beim Gehen, erholt man sich. Und nach einer halben Stunde landen wir wiederum bei der Wasseruhr. Wer hat die meisten Antworten gegeben, wer hat gewonnen? Das ist eigentlich gar nicht so wichtig: wir haben eine schöne Reise gemacht, darum geht es doch, eine Überquerung der elysischen Gefilde, zwischen den Schatten der Toten und dem Grün, und jetzt sind wir wieder hier.

Ich habe mir die Via Veneto immer als ruhigen Fluß vorgestellt, der aufwärts fließt: sie entspringt bei der kleinen Fontana delle Api, an der Ecke zur Piazza Barberini, ihre Mündung liegt beim Delta der Porta Pinciana, dort, wo die Straße sich zwischen den Torbögen auflöst. Beinahe an ihrem Anfang, unter den Platanen, die an ihren Ufern gewachsen sind, liegt die ausnehmend düstere Chiesa dell'Immacolata Concezione, besser bekannt als Chiesa dei Cappuccini. Ihre Krypta ist ein Ort, der auch dem nüchternsten und prahlerischsten Römer Schauder über den Rücken jagt, auch dem Halbwüchsigen, der für gewöhnlich in der Geisterbahn irgendeines Lunaparks oder beim Betrachten der gräßlichsten Filme, wo die Kadaver taumelnd aus den Gräbern steigen und gebieterisch an die Haustür pochen, blöd zu grinsen pflegt. Hier gibt es wenig zu scherzen, und um sich vor dem Erschauern zu schützen, genügt nicht einmal der übliche abergläubische Griff ans Geschlecht, typisch für den, der etwa in der Via Giulia, auf der Höhe der Kirche Santa Maria dell'Orazione e Morte, vorbeikommt, dort, wo es, in den Marmor eingeritzt, eine hübsch makabre kleine Szene gibt, ein Skelett, das warnt: »Hodie mihi / Cras tibi.« Was sagen will, heute bin ich abgekratzt, aber denk dran, daß du morgen abkratzen wirst. Um die ganze Krypta der Kapuziner anzuschauen, bedarf es Nerven aus Stahl. Die Knochen Hunderter Dahingeschiedener sind hier nach einer künstlerischen Ordnung aneinandergefügt, die sie nur noch schauderhafter macht: da gibt es Schnörkel, aus Wirbeln zusammengesetzt, Rosetten, aus Schienbeinen und Oberschenkelknochen gemacht, Dekorationen, bei denen sich Kiefer- und Beckenknochen abwechseln, und inmitten all dieser beinernen Blütenpracht erscheinen die ausgetrockneten und immer noch mit der Kutte der Franziskaner bekleideten Körper vieler vor Jahrhunderten verstorbener Mönche. Manche stützen den Schädel in die Hand, andere liegen ausgestreckt am Boden, wiederum andere scheinen zu schreiten. Es käme einen die Lust an, zu sagen: das ist alles Täuschung, ein Kinoeffekt wie aus Cinecittà, ein Karnevalsscherz. Leider aber ist alles wahr. Laßt uns also hinausstürmen, um mit jeder Pore das wundervolle Licht der Via Veneto einzusaugen, um auch den lautesten Straßenverkehr zu genießen; unser Dolce vita erschauert, da draußen, und es macht uns gar nichts aus, daß es keine amerikanischen Filmschauspielerinnen und Paparazzi mehr gibt, es genügt uns, in der Sonne spazierenzugehen, vor uns hin zu summen, in ein schönes Café einzutreten, um einen Cappuccino mit viel Schaum zu genießen.

September: jetzt ist es Zeit, unsere Seefahrt durch die Stadt auf der Suche nach Inseln wiederaufzunehmen, auf denen vielleicht ein Schatz versteckt ist, oder nach einem verborgenen kleinen Hafen, wo man für eine Minute anlegen kann, um sich vor der bedrohlichen Sturzflut der Autos und der Bedrängnisse zu retten. Rom war immer schon ein Versprechen für Schönheit und Weisheit, und viele Künstler haben ihr Land verlassen, um sich persönlich davon zu überzeugen: einer davon ist Joseph Anton Koch gewesen, der zu Fuß aus Tirol ankam, wo er 1768 geboren worden war. Er heiratete Cassandra, ein Bauernmädchen aus Olevano Romano, das ihm Modell stand, und lebte teils in der Campagna, teils in Rom bis 1839, das Jahr, in dem er starb. Koch wird als einer der bedeutendsten Maler der deutschen Romantik betrachtet, und seine Bilder hängen in den großen Museen von Wien, Berlin und München. In Rom schloß er Freundschaft mit der Gruppe der Nazarener, auch sie Deutsche, aber um einiges jünger als er, ein Grüppchen Langhaariger, verliebt in die Gestalt Christi und auf die Erneuerung der frühen italienischen und altdeutschen Malerei eingeschworen. Wenn wir uns in der Gegend um San Giovanni in Laterano herumtreiben, dann sollte uns nichts davon abhalten, in die Via Matteo Boiardo einzubiegen, und auf diese Weise fänden wir an der Nr. 16 das Tor des Casino Massimo, ursprünglich das Gartenhaus der Villa Giustiniani, das Borromini zugeschrieben wird und das heute zwischen anonymen Miethäusern eingekeilt liegt. Die Besuchszeiten sind sehr eingeschränkt und unflexibel, aber genau diese Schwierigkeit ist es, die uns herausfordert: wir läuten an der Glocke, insistieren, und schließlich wird uns das Tor mit einem Klack aufgetan. Ein strenger Mönch wird uns mitteilen, daß wir zur völlig falschen Zeit gekommen sind, aber vielleicht wird er es uns dann doch erlauben, das Casino zu besuchen, in dem die wichtigsten römischen Werke Kochs und der Nazarener versammelt sind. Es sind das drei Räume, mit Fresken ausgemalt, die sich auf die *Divina Commedia*, den *Orlando furioso* und *Gerusalemme liberata* beziehen. Das ist ein ordentlicher Bignami, da gibt es Dante mit den drei wilden Tieren, Erminia bei den Hirten, den rasenden Orlando, der einen entwurzelten Baum schwenkt, da sind Gottfried von Bouillon und Rodomonte, die Seelen der Verdammten und die Mohren, die Paris belagern. Es gibt genug zu sehen, um zweimal die Runde zu drehen. Ich schaue und denke stolz: Tüchtiger Großvater, weil nämlich dieser deutsch-römische Koch die Wurzel meiner ganzen Familie war, die genetische Rechtfertigung für einen, der entdeckt hat, daß er ein Quentchen Künstler und ein Quentchen gar nichts ist.

Die Leute, die zum Fußballspiel gehen, verabreden sich oft mit den Freunden »alla palla«, wobei sie grinsend präzisieren: »Nicht bei der kaputten vor dem Außenministerium, sondern bei der ganzen vor dem Stadio Olimpico«, denn sonst kann's einem geschehen, daß man, bei so viel verschiedenen Testikeln, zum falschen geht. Auf dem Platz der »ganzen palla« bewegt sich ein Meer aus Menschen und Farben, Blauweiß oder Gelbrot, die Farben der römischen Fußballclubs Lazio und Roma, je nach dem sonntäglichen Turnus, und dazu Verkäufer belegter Brote oder von Caffè Borghetti, dem mit Kaffee versetzten Likör in Fläschchen, Schwarzhändler und Funkstreifen. Alle warten darauf, eingelassen zu werden oder irgendein kleines Geschäft abzuwickeln. Ich glaube, daß dabei niemand den

Boden des Stadions beachtet, man schaut eigentlich nur hin, wenn man die Zigarette unter dem Schuhabsatz ausdrückt. Dabei verdient dieses große Mosaik, das größte in Rom, Beachtung, und es zahlt sich aus, an einem Wochentag oder Sonntag vormittag darum herumzuspazieren. Es ist ein perfektes Kompendium der faschistischen Politik und Ästhetik, alles Heroismus und rhetorische Klassizität. Millionen winziger schwarzer und weißer Steinchen formen beunruhigende Slogans, von der Art wie »Duce, unsere Jugend widmen wir dir« oder das viel bekanntere »Viel Feind, viel Ehr'«, und jede Menge Darstellungen von Krieg und Wettkampf. Unter anderem sieht man doch tatsächlich den Lastwagen eines faschistischen Stoßtrupps mit einem Wimpel, der die Aufschrift »Me ne frego« trägt – es ist mir scheißegal –, und jede Menge Löwen überall dazwischen, jede Menge Gazellen, um an die afrikanischen Eroberungen des Imperiums zu erinnern. Aber die Darstellung der einzelnen Sportarten ist wirklich gelungen, die Körper der Athleten haben die Plastizität Sironis, sie sind elementar und kraftvoll. Beim erweiterten Umrunden des »Palla«-Brunnens entdecken wir im Fußbodenmosaik Speerwerfer und Boxer in Ruhestellung, Turmspringer und Schwimmer, Florettfechter und Ringer, Hürdenläufer und Gewichtheber und sogar Schifahrer, Hockeyspieler und Jockeys im Sattel monumentaler Pferde. Es sind Figuren, die nach den Kartons bedeutender

Künstler dieser Zeit realisiert wurden: Canevari, Rosso, Severini. Allerdings beginnen die Mosaike schon abzubröckeln, weil dieser Boden nachmittags oft zur Rollschuhpiste wird und die Rollen die Mosaiksteinchen zersplittern lassen. Und dazu fällt der Regen, weht der Wind, im Sommer sticht die Sonne, und die Zeit, die dahinfliegt, läßt auch die athletischsten Körper zu Staub zerfallen.

Wenn man durch Rom spaziert, sollte man bisweilen hinaufblicken, so wie man einen hoffnungsvollen Angelhaken in das Blau eines Sees wirft: dabei kann es geschehen, daß man einen schönen Marmorengel erhascht, der auf einem Gesims schwebt, oder die kühne Silhouette einer Kuppel oder einfach nur das sympathische Gesicht einer Frau am Fenster. Ein Gruß, und man geht weiter, weil der wunderbare Fischzug neue Überraschungen bereithält. Etwa wenn der kleine Luftballon unseres Blicks, nachdem man den berühmtesten Kaffee der Stadt in der Bar auf der Piazza di Sant'Eustachio getrunken hat, hochfliegt, um erstaunt zwischen dem Geweih eines riesigen Hirschkopfs hängenzubleiben, der die gegenüberliegende Kirche beherrscht. Was treibt dieser tierische Riesenschädel an der Spitze einer barocken Fassade? Und wieso hat er zwischen dem Geweih ein Kreuz? Hinter dieser Darstellung steht die Geschichte von Eustachius, Kommandant der Truppen

Trajans. Eines Tages, während er sich unter den Bäumen erging, erschien vor ihm ein riesiger Hirsch, ebenso wie Robert De Niro im berühmten Film. Auch Eustachius war ein tüchtiger Jäger, und so hob er den Bogen, um das Tier zu töten, aber plötzlich erschien ihm zwischen dem Geweih des Hirsches das leuchtende Kreuz: ihn zu Gott zu bekehren bedurfte es keiner überirdischen Stimme, keines Cherub oder Heiligen, sondern eines einfachen Tieres, einer scheuen Kreatur des Waldes. Eustachius verstand die Botschaft und wurde Christ, und mit ihm auch die Frau und die beiden Söhne. Die Legende erzählt, man habe ihn ins Exil geschickt und dann, einige Jahre später, zurückgerufen, um in einer Schlacht zu kämpfen. Er schlug sich tapfer, wollte sich aber nicht vor den Lügengöttern des römischen Staates beugen. Deshalb wurde er mit seiner Familie den wilden Tieren zum Fraß vorgeworfen. Aber Tiger und Löwen berührten sie nicht, im Gegenteil, sie kauerten sich gleich zärtlichen römischen Katzen um sie. Darauf ließ der Kaiser, erzürnt, Eustachius in einen Stier aus glühender Bronze werfen. Das Bild auf dem Hauptaltar der Kirche, ein Werk von Nicola Salvi, beschreibt die Szene des Martyriums. Um Eustachius zu töten, war ein künstliches Tier vonnöten, denn die echten Tiere waren seine Freunde. Sie sind immer unsere Freunde, die Tiere.

Manchmal denkt man, es gibt gar keinen Zufall und daß jede Situation, auch die unerwartetste, sich in ein vorhandenes Gewebe einfügen und mit dem Rest des Ganzen verknüpfen wird. Es passiert einem, daß man die untereinandergereihten Namen an einer Sprechanlage liest und dieser Aufzählung einen Sinn beimißt, als wäre es ein Gedicht, das man für uns geschrieben hat. Oder wir schnappen einen Satz in einer Bar auf, und der erscheint uns dann als genau die Antwort auf die Fragen, die wir uns gerade stellen. Man muß auf die Einzelheiten achten, lernen, die Stadt zu lesen, begreifen, daß jede Insel uns vom Meer erzählt. Und auf diese Weise, im historischen Zentrum unterwegs, ist mir ganz plötzlich bewußt geworden, daß das bedeutendste Geschäft für Taschenspielertricks sich genau vor einem berühmten Palazzo befindet, dessen Name ich noch nicht enthülle. Es nennt sich »Eclectica« und befindet sich hier seit mehr als zwanzig Jahren, an der Ecke zwischen Via della Guglia und Via in Aquiro, zur Freude vieler kleiner Zauberer. Es macht Spaß, einzutreten und verblüffende Zaubertricks zu bestaunen: Zu den bekanntesten gehört wohl das Verschwindenlassen von Münzen, das Manipulieren mit Karten, das Vermehren weißer und schwarzer Kugeln oder der Trick mit den roten Rücken der Spielkarten, die auf wundersame Weise blau werden, blauen, die grün werden, und so weiter. In der Auslage am Eingang bewegt sich eine mannshohe mechanische Puppe im Smoking, die maliziös lächelt, einen Fächer aus Pikassen und Herzdamen und einen Zauberstab bewegt und insgesamt wie ein sympathisches Denkmal der Täuschung aussieht. In den kleineren Auslagen sind alte und neue Bücher ausgestellt zu Themen wie: *Alle können hypnotisieren!* oder *Die Kunst des Magnetisierens: enthüllt!!*, ebenso aber auch *Es gibt den Zaubertrick – Man sieht ihn nur nicht!* Und natürlich: *Das Zauberbuch von Silvan.* Es gibt aber auch Spiele mit so verführerischen Titeln wie *Das hungrige Äffchen* oder *Die Karten für den Mogler*: diese Kunst beruht auf der Idee der *misdirection*, einem Wort aus dem Englischen, das wir mit »Ablenkung« übersetzen können. Der Zauberer spricht viel und lächelt gewinnend dabei, lenkt unseren Blick dorthin, wo er ihn haben will, auf einen Punkt, der entscheidend aussieht und dabei völlig unwichtig ist, weil der Betrug nämlich anderswo stattfindet. Wie auch immer, es zahlt sich aus, diesen außergewöhnlichen Laden zu besuchen oder auch nur vor seinen Auslagen stehenzubleiben, um sich dann umzudrehen und den großen Palazzo di Montecitorio zu erblicken, unser Parlament.

Manchmal passiert es einem, daß man in einem monströsen Stau steckt und sich wie ein Hamster in den Windungen einer metallenen Schlange fühlt: in den Autos drücken alle auf die Hupe, schimpfen auf die Alte, die bei Grün nicht weitergefahren ist, auf den Nachbarn, der drängelt, auf den Bus, der schräg steht, auf die ganze Welt. Wir befinden uns auf der Kreuzung zwischen Via di Portonaccio, der Via Prenestina und der Via dell'Acqua Bullicante, in einem Knäuel aus Blech und Flüchen, und für den Moment scheint es, als würden wir nie mehr freikommen, als würden wir den Rest des Lebens damit verbringen, den Fahrer neben uns zu beschimpfen und die Stadt zu verfluchen. Und plötzlich fällt der Blick auf eine blumengeschmückte Ecke: Unter dem Mosaik einer kleinen Madonna liegen jede Menge Rosen- und Nelken-, Lilien- und Margeritensträuße. Und an der Mauer, rechts und links, vor den Werbeplakaten, die uns unnützes Zeug anbieten, zu Hunderten Malen wiederholt das Wort »Danke«. Es ist das eine jener Ecken, an denen sich die Votivgaben der einfachen Leute häufen, denen ein schweres Mißgeschick zugestoßen ist und die eines Tages die Muttergottes, das Leben, das Glück angefleht haben, ein gnädiges Auge auf diese Unglücksfälle zu werfen. Und dann, weil die Dinge unvorhersehbar sind, weil die Hoffnung neue Kräfte schöpft, aus purem Glücksfall oder durch ein Wunder, ist der kranke Sohn gesund geworden, hat die unfruchtbare Frau geboren, hat einer eine Arbeit gefunden, eine Liebe, die tot schien, hat neuen Auftrieb erhalten, und deshalb ist der, der diese Muttergottes an der Straße angefleht hat, zurückgekehrt, um sich zu bedanken. Manche Votivtafeln gehen auf die Nachkriegszeit zurück, andere wiederum stammen aus allerletzter Zeit, manche sind wie ein Herz geformt, manche sind aus Marmor und wiederum andere aus Stein; in die Mauer hineingezwängt ist da auch ein armseliger Ziegelstein, dessen »Danke« mit einem Nagel eingeritzt wurde, es gibt die Handschellen eines Sträflings, einen Holzspan, von einem Immigranten beschrieben, und eine Tafel, die besagt: »Als bereits alle Hoffnung verloren war, wurde durch wunderbare Fügung ...«, den Rest hat der Regen weggewaschen, aber dafür kann man immer noch die Namen Atac, Acotral, Codacon lesen: Wer weiß, was da geschehen ist, welch schreckliche Geschichte da mit einer Danksagung ihr Ende gefunden hat. Wie viele Geschichten, über die wir nichts erfahren werden. Aber diese Mauer der Dankbarkeit hält unsere Gedanken für eine Weile aufrecht, sie begleitet uns nach Hause.

Es ist die Stunde der Gastronomieführer, aus dem Gaumen des Himmels regnet es Gabeln und Kochhauben, man streitet um einen halben Punkt, den ein bekanntes Restaurant weniger erhalten hat, man vergleicht die Weinkarten, die Qualität des Service, die Güte der Nachspeisen und die unglaublichen Rechnungen, die es nach dem Essen zu bezahlen galt. Insgesamt jedenfalls stellen die Kritiker einen Fortschritt im römischen Restaurantwesen fest: es scheint also, daß man jetzt besser ißt als vor einigen Jahren. Uns einfachen Verkostern, weit bescheidener, verschlägt es beim Studium der Speisekarten immer die Sprache: in vornehmer Schreibschrift nimmt inzwischen jede Speise mindestens zwei Zeilen ein, und je detaillierter ihre Beschreibung ist, desto weniger verstehen wir, was uns erwartet. Streifen vom Strauß, im Blumenkohlmantel und über Preiselbeerschaum angerichtet, oder Mousse vom Thunfisch, an Wildsauce gewendet und in Wacholder geschwenkt: Speisen dieser Art sind es, die uns dumm und ungebildet erscheinen lassen. Da ist es viel besser, eine Expedition in den Vicolo dell'Annunziatella im Ardeatino-Viertel zu unternehmen, zur alten Trattoria »Da Riccardo«, die 1935 eröffnet wurde. In einem Roman von McEwan fand sich die Hauptfigur, durch einen wunderbaren Raum-Zeit-Sprung, vor dem Lokal wieder, wo sein Vater und seine Mutter, noch Halbwüchsige, das Bier ihrer ersten Begegnung schlürften. Ihre Fahrräder waren an die Wand des Pubs gelehnt, und er sah sie verliebt miteinander sprechen, ohne Wissen um die Zukunft und den Sohn, den sie eines Tages haben würden. Wenn Sie jemals »Da Riccardo« besuchen, werden Sie das gleiche Schwindelgefühl eines Raum-Zeit-Sprungs empfinden. Man kann sich leicht vorstellen, daß unsere Eltern sich zwischen diesen einfachen alten Wänden an einem schönen Feiertag eine Carbonara haben schmecken lassen und hinterher *broccoletti ripassati.* Die unmittelbare Umgebung ist ländlich, dann gibt es da einen kleinen Innenhof mit Marmortischen, die Pergola ist mit Schilfrohr gedeckt, und im Lokal atmet man die Atmosphäre jener Orte, die die Geschichte, den Rucolasalat und die Scampi vergessen haben. Auf einer Seite gibt es immer noch eine alte Kühlkammer und das steinerne Spülbecken, und an den Wänden hängen die Plakate mit den Spielern des Clubs Roma, die gerade die Meisterschaft gewonnen haben, und doch sehen alle aus wie Amadei oder Losi. Man ißt ausgezeichnet, man fühlt sich ausgezeichnet, und für eine Stunde entzieht man sich so der Furie der Zeit.

Flamenco, Messalina, Apache, Turbo, Pamplona, Gigolò und Emiro sind dabei, zu starten. Die Leute steigen auf die Sitze, viele klammern sich an die Umzäunung, um näher an der Rennbahn zu sein: Und alle zerknüllen den Wettcoupon zwischen den Fingern. Schlagartig senkt sich ein Schweigen herab, das nur von Hustenanfällen und fürchterlichem Schleimausstoß unterbrochen wird. Es gibt keinen Mann hier, der nicht die angezündete Zigarette zwischen den Fingern hätte und daran zöge wie besessen. Jetzt sind wir soweit. Noch einen Augenblick, und schon heißt es: »Auf die Plätze, fertig, los!« Sieben Windhunde stürzen aus den Boxen und rasen wie vom Teufel gejagt hinter dem mechanischen Hasen her. Das sind vierhundertfünfzig Meter, in wirbelnden Laufschritten zurückgelegt, die Meute der Hunde entfaltet sich wie eine Bö der Tramontana, die ersten werfen sich nach vorne, die anderen sind unmittelbar dahinter, es scheint ein einziger Wirbelwind aus Beinen und Muskeln, ein Büchsenschuß aus Schnauzen, einem Ziel entgegen abgefeuert. Ein paar Sekunden, und das Rennen ist auch schon zu Ende, man begreift nicht einmal, wer gewonnen und wer verloren hat. Vor uns resümiert ein Alter seine Wette: »Ich setze, und er wird letzter. Ich setze nicht, und er wird erster. Ich setze wieder, und er wird letzter. Dieses Biest bringt mich noch um den Verstand.« Die Menge zerstreut sich, irgend jemand flucht, die wenigen, die richtig geraten haben, gehen an die Kassen, um ihr Geld abzuholen. Und dann stehen wieder alle mit dem Wettplan in der Hand da, um das nächste Rennen zu studieren. Das ist die Welt des Kynodroms am Ponte Marconi, die letzte Hoffnung der leidenschaftlich Wettenden. Es ist ein Ort herzzerreißender Traurigkeit und daher auch anrührend, wenn man manchmal sonntags hingeht. Aus den kleinen Menschenansammlungen, die sich zusammenballen und wieder auseinanderfallen, schnappt man unvergeßliche Sätze auf – von der Art wie: »Kondor und Quiz, erster und zweiter, Pastasciutta und Bistecca, das Menü ist komplett.« Oder: »Für Belzebù würde ich meine Seele verwetten.« Vor dem nächsten

Durchgang defilieren die Hunde an den Zuschauern vorbei: das sind Tiere, die wie aus einem Handbuch phantastischer Zoologie entstiegen erscheinen: zart und spitz, leicht und nervös, Söhne eines Mustang und eines Vogels. Sie laufen vorüber und blicken zerstreut auf die, die tausend Lire oder eine Million auf sie setzen: Pensionisten mit einem Emphysem, Zigeuner mit beringten Händen, Neugierige, Nichtstuer, Männer, bereit zum Ruin oder bereits ruiniert. Und schon steht der nächste Lauf bevor: er wird so lange dauern wie eine Hoffnung, wie ein Fluch.

Es ist eine Zeit der tödlichen Granatwerfer, also machen wir uns auf, einen Ort zu suchen, an dem das Leben entsteht und grünt: eine schöne Gärtnerei. Eigentlich sind alle Gärtnereien schön, mit ihren Reihen von Pflanzen mit außergewöhnlichen Namen, die wir gerne auswendig lernen würden und sofort vergessen, mit den Säcken gedüngter Erde, die wir auch unter unseren Füßen ausleeren möchten, um jeder Trockenheit vorzubeugen, mit diesen Treibhäusern voll von Farben und Gerüchen. Die allerschönste befindet sich auf der Via Appia antica, stolze Königin der Straßen der Welt, und zwar genau vor dem Circo di Massenzio und dem Grabmal der Caecilia Metella. Das ist eine Gegend, die wir alle gut zu kennen vermeinen, wo man aber in Wirklichkeit nur selten vorbeikommt, weil das

Leben sich anderswo abspielt, im lebhaften Treiben der Innenstadt oder im Chaos der Vorstädte. Die Appia antica kommt uns wie eine perfekte Ansichtskarte vor, einem Geschichtsbuch entnommen, auf der unsere Anwesenheit eigentlich unwichtig erscheint. Es ist eine abgelegene Straße, die wegführte und zubrachte und die heute weder wegführt noch zubringt. Die richtige Gelegenheit, wiederum auf sie zurückzukommen und auf ihr zu gehen, könnte der Besuch dieser wunderschönen Gärtnerei sein, auf der Suche nach einem Granatapfelbaum, einem Bambus, einem roten Rosenstock oder einer Weihnachtstanne oder nach einem ganz besonderen Blumentopf unter den Tausenden, die ausgestellt sind. In einem alten Glashaus sind die am meisten geschätzten Sukkulenten versammelt: kühn geformte, gedrehte, stachelige, pflanzliche Eidechsen und Salamander, die einem Schauer über den Rücken jagen. Wir schauen uns um und lesen die lateinischen Namen mit einem Gefühl des Staunens über diese Naturwunder: die Mammillaria uncinata, die Matucana formosa, die Rebutia albipilosa und jede Art von Kakteen, während sich jenseits der Glasfenster andere lateinische Wunder erstrecken, die prachtvollen Ruinen unserer Vergangenheit, das Grabmal des Romulus, der große Zirkus für die Rennen der Zweigespanne, das liebliche Grabmal der Caecilia. Geschichte und Natur bestimmen den Lauf der Appia, Blumen und Steine stimmen den Wanderer fröhlich und nachdenklich. Wenn es denn noch eines Anstoßes bedarf, Ihnen auf die Beine zu helfen, will ich noch verraten, daß sich im Inneren der Gärtnerei eine reizende Cafeteria befindet, wo man auch essen kann. Wenn man dort ist, kommt einen die Lust an, den Beruf zu wechseln, Gärtner zu werden oder Wächter einer Säule: irgend etwas, nur um inmitten von so viel Frieden verbleiben zu dürfen.

Beim Umherschweifen in den Straßen Roms, beim Betreten von Kirchen und Museen stellen wir fest, daß sich an jeder Ecke eine Überraschung verstecken kann: und auch, daß es sich lohnt, selbst wenn es sich scheinbar um nichts Besonderes handelt, auch wenn es bloß irgendein Winkel der Stadt ist, irgendein anonymer Durchgangsort, den Blick darauf ruhen zu lassen: »Es gibt immer etwas zu schauen«, schrieb Rilke. Ein Café an der Peripherie kann einen Kontinent umfassen, ein kleiner Blumenhändler kann uns den Wäldern näherbringen, ein Bettler, aufs Pflaster hingestreckt, kann uns leiden machen wie ein Krieg. Vielleicht ist kein Ort der Stadt dichter oder profunder als ein anderer: es gibt uns und die Dinge, die wir vor Augen haben und die dann in unserer Seele sind. »Du langweilst dich, weil du langweilig bist«, sagte Elsa Morante, eine große Römerin; aber wenn wir uns aufnahmebereit und verfügbar halten, dann können wir jeden Tag staunen, vielleicht in jedem Augenblick. Und nun wollen wir ruhig ferne Inseln aufsuchen, jetzt, da die Weihnachtsferien beginnen, zu den Malediven reisen oder auf die Balearen, auf der Suche nach irgendeinem Nervenkitzel, aber vergessen wir nicht, daß die Insel der Römer mitten im Tiber liegt, hier seit Jahrtausenden vor Anker liegt wie ein Schiff, das darauf wartet, abzulegen, und das sich nicht dazu entschließt, weil das Wasser des Hafens, das es trägt, ihm jeden Tag irgend etwas Neues erzählt. Vielleicht ist es Jahre her, seit wir den Pons Fabricius und den Pons Cestius überschritten haben, um an Bord der Tiberinsel zu gelangen. Wir könnten den Obelisk bewundern, wie ein Großmast im Zentrum des Oberdecks aufgepflanzt, oder die Kirche San Bartolomeo all' Isola oder die winzige Kirche San Giovanni Calibita, wir könnten eine Pause einlegen, um im alten Restaurant der Sora Lella zu essen, oder uns aufraffen, einen kranken Freund im Fatebenefratelli-Spital zu besuchen. Aber am schönsten ist es, auf den weißen Sockel hinunterzusteigen, der rund um die Insel läuft, vom Strom bespült, und auf ihm spazierenzugehen. Im Augenblick führt der Strom wenig Wasser, und die Insel scheint in einer Melancholie gestrandet. Es ist ein guter Ort, sich hinzusetzen und über alles und nichts nachzudenken und es zuzulassen, daß einem der Wind die Zigarette schneller herunterbrennen läßt und die Gedanken in Unordnung bringt.

Wenn man die Italienführer der ganzen Welt liest, stößt man früher oder später auf den Satz: »Es ist ein Land, reich an Widersprüchen.« Das ist ein Gemeinplatz, der lachen macht, er klingt wie ein Refrain, der so leicht ins Ohr geht, daß er schon wieder falsch erscheint, und dabei stimmt er absolut. Beim genauen Hinsehen enthält ja der homogenste und kompakteste Ort zugleich auch sein Gegenteil. Eine kleine Bekräftigung für diese Behauptung könnte ein Besuch des Viertels Laurentino 38 bringen, einer Gegend, die zum Emblem für großstädtische Unlebbarkeit geworden ist. Seit einigen Jahren hat man inmitten der Via Silone, jener Hauptschlagader, die den riesigen Wohnblökken entlangläuft, viele kleine Bäumchen gepflanzt, aber diese grünen Pünktchen genügen nicht, das Gefühl aus unserem Kopf zu vertreiben, im Reich von Asphalt und Zement angekommen zu sein, in städtischer Eintönigkeit, Härte und Melancholie. Ursprünglich war das ein architektonisches Avantgardeprojekt, so wie das Corviale-Viertel, aber heute wüßte ich nicht zu sagen, wie viele freiwillig ins Laurentino 38 ziehen würden. Und während wir die üblichen Banalitäten wiederholen – daß die Stadt zu einer Falle werden kann, daß an manchen Orten die menschlichen Beziehungen in Gefahr geraten, sich aufzulösen, daß hier Zehnjährige mehr Spritzen als Hühner gesehen haben –, befinden wir uns plötzlich auf freiem Feld. Es hat genügt, in die Via Carlo Levi einzubiegen, um einen

Raum-Zeit-Sprung zu machen, der einem den Mund offenstehen läßt und jeden Gedanken auf den Kopf stellt: Rechts und links gibt es jede Menge winziger bestellter Äcker, durch Stacheldraht und ausgediente Bettroste voneinander getrennt, jeder mit seinem kleinen Schuppen, in dem die Bauern ihr Gerät aufbewahren, jeder mit seiner Promenadenmischung, der die Eindringlinge verbellt: »Herzlich willkommen im Tal der *broccoletti*«, sagt ein Alter, die Mütze auf dem Kopf und mit aufgerollten Hemdsärmeln, der aussieht wie dem Gemälde *Il Quarto Stato* von Giuseppe Pellizza da Volpedo entstiegen. »Ich ziehe sie hier auf und verkauf sie dann auf dem Markt, das mach ich seit fünfundzwanzig Jahren so, die *broccoletti* gedeihen nirgend sonstwo so gut wie hier.« Im Rücken den brutalen Zement, von der Via Cristoforo Colombo das Blinken des Reklameschildes der PALACISALFA, wo in der Nacht englische und amerikanische Rockgruppen spielen, und wir, die wir zwischen den Ackerfurchen und den Hacken stehen, wie Gummibänder zwischen den Widersprüchen aufgespannt, wie in einem Traum.

Soviel ich den Zeitungen entnehme, steht eine Saison großer künstlerischer »Events« bevor, und ich beginne, mir Sorgen zu machen: Allein schon das Wort »Event« macht mich nervös. Ich verstehe, daß Rom den Vergleich mit

London, Paris, Berlin, New York aushalten muß, Hochöfen der Kultur, die Säulen vielfarbigen Rauchs ausstoßen: epochale Ausstellungen, pharaonische Konzerte, kolossale Retrospektiven und Überblicke im Winkel von 360 Grad, ich verstehe, daß der Tourismusmarkt, so konkurrenzbedacht und erbarmungslos, fordert, daß das Angebot immer noch lautstärker wird: aber ich fürchte, daß diese riesigen Wolken jenen kleinen und wundervollen Juwelen das Licht und die Aufmerksamkeit rauben werden, die Rom seit jeher zu einem besonderen Ort gemacht haben. Wer sich Stunden um Stunden anstellt, um eine Megaausstellung zu besuchen, der wird kaum noch Lust verspüren, allein eine Kirche oder ein kleines Museum zu betreten, um ein einziges Bild zu bewundern, noch dazu vielleicht schlecht beleuchtet und etwas abgeblättert. Und doch beruht die Einzigartigkeit Roms nicht zuletzt auf seinen halbverborgenen Meisterwerken, auf diesen Schätzen, die im Halbdunkel einer engen Gasse oder eines Kreuzgangs gesucht und gehoben werden. Das Individuum und das Meisterwerk kommen einander stumm entgegen, heimlich, wie bei einem ersten Stelldichein, ohne Scheinwerfer und Werbetrommeln. Und dann kehrt der Verliebte für Jahre immer wieder an diesen Ort zurück, um Intimität und Freude zu vertiefen. Sooft ich zum Beispiel an der Chiesa SS. Trinità dei Monti vorbeikomme, verzichte ich nicht darauf, einer wundervollen Kreuzabnahme von Daniele da Volterra einen Besuch abzustatten. Volterra ist ein Maler des 16. Jahrhunderts, scherzhaft »Il Braghettone« genannt, weil er all den Nackten Michelangelos in der Sixtinischen Kapelle Hosen verpaßte. Seine Kreuzabnahme erinnert an die viel berühmtere von Rosso Fiorentino: Auch hier sind die Leitern ans Kreuz gelehnt, und Handlanger des Schmerzes sind daran hochgeklettert wie Akrobaten, um den Leichnam Christi von den Nägeln zu lösen und ihn herabzulassen, während die Muttergottes sich auf der Erde in ihrem Schmerz windet. Das Bild hätte an sich die lebhaften und etwas grellen Farben, die für den italienischen Manierismus typisch sind, aber die Zeit und einige mißglückte Restaurierungsversuche haben es auf diesen verblichenen und zerbröckelnden Zustand reduziert. Man müßte es richtig restaurieren: Aber wird das nötige Geld dafür vorhanden sein, oder wird auch noch die kleinste Münze im gierigen Schlund der großen »Events« verschwinden?

Gesteckt voll mit Fußballfans ist die Straßenbahn, die sonntags die Via Flaminia entlangfährt, an ihre Fenster gedrängt, stimmen die jungen Leute bereits jene Chöre an, die dann in der Kurve ertönen werden, sie grüßen die Fußgänger, indem sie ihre gelbroten oder blauweißen Fahnen schwenken, sie durchleben die Euphorie der Erwartung:

Wenige Stunden später wird sie die Straßenbahn zurückbringen, und sie werden noch aufgekratzter sein durch den Sieg oder durch die Niederlage, die immer ungerecht, immer unverdient ist. Es ist kaum anzunehmen, daß einer von ihnen die winzige Kirche bemerkt, an der die Straßenbahn vorüberfährt und die sie auch sofort hinter sich läßt, genau unter dem Grün der pariolinischen Hügel. Und doch ist der Tempietto di Sant' Andrea in der Via Flaminia, ein Werk von Vignola, eines der schönsten Denkmäler der römischen Renaissance, er besitzt eine Eleganz, die die Augen besticht und dem Herzen guttut. Er steht dort, bescheiden, diskret, vor irgendeinem Allerweltscafé und neben einem kleinen Park, in den die Hunde der Gegend geführt werden, um einen Auslauf zu haben und ihr Geschäft zu verrichten. Kein ausländischer oder italienischer Tourist kommt, ihn zu besuchen, keine Ansichtskarte schickt sein Bild frankiert in die Welt hinaus. Wenn man ein erhabenes Beispiel für ein kleines Renaissancejuwel erwähnen will, dann erinnert man sich immer an den Tempietto Bramantes in San Pietro in Montorio: aber dieses Oratorium ist um nichts weniger schön, auch wenn es an das Schicksal mancher armer und vergessener Verwandter erinnert. Es sieht aus wie ein Rubikwürfel, kurz bevor er zu seiner geschlossenen Form findet: er ist ein Würfel, der noch geöffnet ist, die Kanten scheinen auf wundersame Weise zu kreisen, die Linien suchen und begegnen einander in einer Harmonie, die zugleich poetisch und mathematisch ist. Das Dreieck des Giebels, das Parallelepipedon des Tympanons, die Ellipse der Kuppel addieren sich und stellen untereinander ein Gleichgewicht her, als wäre hier endlich die legendäre Quadratur des Kreises gefunden worden. Irgendeine unsensible Hand hat die üblichen ordinären Graffiti an seine Fassade gesprüht, drei oder vier gezielte Kleckse mit schwarzem Spray, die wie Vitriolspritzer auf einem Gesicht aussehen. Übrigens wurde dieser wundervolle kleine Tempel von Papst Clemens VII. in Auftrag gegeben, um dem Himmel dafür zu danken, daß er den Landsknechten während des Sacco di Roma 1527 entkam, am 30. November, am Tag des heiligen Andreas. Wie man sieht, haben aber doch noch nicht alle Landsknechte die Stadt verlassen, einige sind hiergeblieben, um ihre Schönheit auch weiterhin zu beleidigen.

Die Dinge von einem höheren Standpunkt aus zu betrachten ist in Rom zum Glück nicht bloß eine Redensart: hier ist es möglich, ein paar Minuten die horizontale Ebene der Ereignisse, das enge Eckchen unserer Aussichten zu verlassen, um irgendeinen Hügel zu ersteigen. Es genügt, daß der Blick von oben über das enge Netzwerk der Straßen und Häuser schweift, über die Tausende von Menschenleben, die miteinander verknüpft sind wie die

Fäden am Webstuhl, um sofort eine heilsame Empfindung zu verspüren. Das, was uns von unten als nicht übereinstimmend erscheint, wirr, zerstückelt, enthüllt von oben seine vollständige Harmonie, und die Seele wird weit, sammelt die Widersprüche auf, läßt sie in einem viel weiteren Sinn zusammenschmelzen. Und auch unser kleinkariertes und unvollkommenes Leben, das uns so oft unnötig und schmerzlich von den anderen Leben getrennt erscheint, findet seinen Platz in einer viel weiteren Landschaft, die es aufnimmt und rechtfertigt. Wir alle kennen die berühmtesten Aussichtspunkte: den Pincio, den Gianicolo, den Giardino degli Aranci, die Bar dello Zodiaco auf dem Monte Mario. An deren Geländer gelehnt, kann es einem geschehen, daß man sich Schulter an Schulter mit Touristenschwärmen findet, aus einem Reisebus ausgeladen, die in fünf Minuten so viele Kuppeln wie möglich erkennen, wie verrückt Photos schießen und in Jubelschreie ausbrechen müssen. Wir hätten gerne etwas mehr Frieden, wir hätten gerne einen Panoramablick, der nur uns gehört, verschwiegen, meditativ. Es gefällt uns nicht, oben wiederzufinden, was wir unten zurückgelassen haben, Unrast und Hetze. Und so möchte ich an diesem Sonntag einen kleinen und einsamen Platz empfehlen, der aussieht wie eine abgesplitterte fliegende Untertasse, die von wer weiß woher gelandet ist. Er liegt auf der Seite des Monte Mario, zwischen Via Platone und Via Fedro, und heißt Piazza

Socrate. Der perfekte Name für diesen Ort, weil er uns auf die Idee bringt, daß die Stadt zu kennen eine andere Möglichkeit ist, uns selbst besser zu erkennen. Dort ist eigentlich fast nie jemand, höchstens zwei alte Freunde, die auf den Bänken des kleinen Parks rauchen, der in der Mitte liegt, oder ein Pärchen, das sich dort küßt, wo die Umzäunung kaputt ist und das Panorama sich öffnet wie ein neues Gefühl. Bei Tag scheint sich die Stadt unter unseren Blicken zu erweitern wie die Kreise im Wasser um einen Stein, nachts scheint sie sich um uns zu schließen wie ein intimes und geheimnisvolles Zimmer.

Neulich haben wir den Blick beschrieben, der von einem Aussichtspunkt auf die Stadt herunterfällt und sie wie nach einem sinnvollen Plan vereint dastehen läßt, gleich einem lebendigen Wesen. An diesem Sonntag machen wir es umgekehrt und blicken hinauf, um etwas zu sehen, was im Himmel über Rom fliegt und zu verschwinden droht. Singvögel oder Kackvögel, werden Sie sagen, oder die flüchtigen Kondensstreifen der Flugzeuge, die vorüberfliegen, oder vielleicht die steinernen Engel, die uns von den Gesimsen der Kirchen herab beschützen? Nichts von alldem: Es ist ein hübscher fliegender Esel, über den ich sprechen will. Er ist an die Mauer eines Hauses in Tor di Nona gemalt, und wir sehen ihn seit vielen Jahren, sooft wir am

Lungotevere vorüberfahren. Er steht da, den großen Kopf ein wenig über das Unglück der Welt gebeugt, mit zwei kräftigen, vertrauenerweckenden Flügeln, die ihn bis zum dritten Stock hinauftragen, zwischen einem Fenster und einem Balkon und vielleicht noch höher, in den freien und abenteuerlichen Raum unserer Einbildungskraft. Wir haben Zeit, ihn genau zu betrachten, während wir als Gefangene in einem Stau stecken, oder wir streifen ihn gerade nur so aus dem Augenwinkel, wenn wir zu irgendeiner Besorgung unterwegs sind, und immer erheitert er uns in seiner ganzen Unwahrscheinlichkeit. Nur im Himmel der Dummköpfe und der Leichtgläubigen gibt es Esel, die fliegen, aber vielleicht könnten sich ja auch im Himmel dessen, der einfach nur hofft, wundersame Dinge zutragen, poetische Wunder, die der Schwere der Existenz widersprechen. Unseren Esel mit den Flügeln gibt es hier schon lange, ich glaube, seit den siebziger Jahren, in denen man verworren von einer anderen Welt geträumt hat. Ich verstehe ja, daß das künstlerische Erbgut unserer Stadt so umfassend ist und so bedroht vom Zahn der Zeit und von Nachlässigkeit, daß das wenige Geld, das zum Restaurieren zur Verfügung steht, diesen Hauptwerken zugute kommen muß. Ich weiß, daß man zuerst an die Aurelianische Mauer denken muß, die am Zerfallen ist, an die Bilder aus der Renaissance, die nachdunkeln und abblättern, an die Adelspaläste, die einsturzgefährdet sind; aber ich hoffe, daß die Gemeinde auch eine Handvoll Euro für dieses volkstümliche Fresko stiften wird, das der Regen und die Zeit so nach und nach verschwinden lassen. Wir haben diesen fliegenden Esel liebgewonnen und möchten ihn noch länger fliegen sehen, getragen von den wechselhaften Strömungen unserer Illusionen, genährt durch den Hafer unserer Träume. Geben wir ihm ein wenig Farbe zurück, ein wenig Wind.

»Mach uns staunen!« sagt der Blick des Freundes, der für ein paar Tage nach Rom gekommen ist. Also verfrachten wir ihn in den Wagen und kutschieren ihn dahin und dorthin; Orte zum Anschauen gibt es unendlich viele, die Schönheit ist überall, zwischen den Säulen des Forum Romanum ebenso wie in den Winkeln von Trastevere, auf den Renaissanceplätzen und in den Museen, vollgestopft mit Meisterwerken. Aber der Tourist auf der Durchreise hat nicht die nötige Ruhe, um so viel Schönheit aufzunehmen, er ist wie ein Verdurstender, der sich aus lauter Übereifer das Wasser ins Gesicht und auf den Anzug schüttet. Das, was er sich wünscht, sind ein paar besonders erfrischende Züge, irgend etwas Außergewöhnliches, das er dem erzählen kann, der ihn zu Hause erwartet. Ihm gefällt das Schlüsselloch im Schloß auf dem Aventin, das die Kuppel der Peterskirche einrahmt, besser als die Kuppel selbst, aus der Nähe betrachtet. Wenn Sie also jemanden verblüffen wollen, dann führen Sie ihn doch in die Kirche Sant'Ignazio di Loyola. Hier ist allein schon der kleine Rokokoplatz davor kurios, von dem Architekten Filippo Raguzzini wie ein kleines Theater angelegt: aber das genügt unserem Freund nicht, er hat mehr oder weniger zerstreut schon zu viele Plätze besucht. Also drängen wir ihn ins Innere der Kirche, die von dem Jesuitenpater Orazio Grassi, Mathematiker und Astronom, entworfen und deren Decke von einem anderen Jesuiten, Pater Andrea Pozzo, ausgemalt wurde. Stoppen wir unseren Freund, wie zufällig, im Mittelschiff und fordern wir ihn auf, die Augen zur Kuppel zu erheben: »Na und?« wird er sagen, »eine Kuppel wie andere auch, mit all den Säulen und Krümmungen, wie sich's gehört, und dem Licht, das von oben einfällt«, als ob es in seinem kleinen Dorf eine Kuppel in jeder Bar gäbe. Jetzt würden wir ihm ja ganz gerne eine Kopfnuß verpassen, aber wir halten uns zurück, weil wir die Entdeckung genießen wollen, die sich gleich zutragen wird. Mit einem leichten Stoß befördern wir ihn noch ein wenig weiter nach vorne: »Jetzt schau doch genauer hin«, sagen wir zu ihm: »Geh geradeaus und konzentrier dich genau auf die Kuppel.« Und plötzlich sehen wir, wie seine Augen sich weiten und sein Mund vor lauter Verwunderung herunterklappt. »Aber da ist ja gar keine Kuppel, das ist ja nur eine riesige bemalte Leinwand!« Macht des römischen Barock, sublimer Augentrug, grandiose perspektivische Täuschung. Die Kuppel gibt es nicht, es ist ein riesengroßes Bild in vierunddreißig Meter Höhe aufgespannt. Der Freund klatscht vor Beglückung in die Hände, und wir sind stolz, als hätten wir die ganze Nacht daran gearbeitet, ihn zum Staunen zu bringen.

Die Tiere haben weder eine Nationalität noch einen Paß, sie gehören zur Welt, zur Natur, zum Leben: die einzige Ausnahme bilden da vielleicht die Katzen, die zu Rom gehören. Wenn wir eine sehen, unter der Sonne auf einer römischen Ruine langgestreckt oder auf der warmen Motorhaube eines Autos kauernd, so indolent und gleichzeitig doch dazu bereit, sofort zu reagieren, so distanziert und doch so aufmerksam darauf bedacht, alles wahrzunehmen, was rundherum geschieht, dann können wir gar nicht anders, als sie als die perfekten Bewohner unserer Stadt zu betrachten. In Rom gibt es sogar die Via della Gatta, zwischen Piazza del Collegio Romano und Via del Plebiscito: der Name rührt von der marmornen Statue einer Miezekatze her, die inzwischen auf das Gesims des ersten Stocks des Palazzo Grazioli geklettert ist. An dieser Stelle erhob sich vor langer Zeit der Tempel der Isis und des Serapis, ägyptischer Gottheiten, die dank unserer porösen Veranlagung, alles zu absorbieren und uns anzuverwandeln, herzlich neben den Göttern des Pantheon aufgenommen wurden. Der riesige Tempel wurde von den Triumvirn 43 vor Christus errichtet und war voll mit kleinen Obelisken, mit Statuen von Krokodilen und Hunden, Katzen und sogar Affen, tatsächlich stammt ja auch der Name von Santo Stefano del Cacco, dem kleinen Kirchlein dieser Gegend, von einer dieser Skulpturen, einem komischen Makaken, der jetzt in den Vatikanischen Museen gelandet ist. Unter Augustus und Tiberius verfiel der Tempel, dann wurde er von Caligula wieder in Gebrauch genommen, der den orientalisierenden Prunk liebte. Und schließlich hat ihn 80 nach Christus ein Brand zerstört. Also, man weiß ja, wie die Geschichte ist, sie erhebt und verdammt, sie häuft auf und verwirft wieder, in einem ewigen Kreislauf. Man kann es drehen und wenden, wie man will, in jedem Fall ist unsere schöne Katze auf diesen Mauervorsprung gesprungen und betrachtet die Dinge, die auftauchen und nach kurzer Zeit wieder verschwinden, von oben, weise und gleichgültig. Eine alte Legende erzählt, daß der präzise Punkt, auf den ihr Blick gerichtet ist, einen enormen Schatz verbirgt: aber wo dieser genaue Punkt ist, hat noch niemand ergründet, vielleicht, weil Katzen Pupillen haben, die ins Anderswo starren. Nun, seit der Palazzo Grazioli Sitz von Forza Italia geworden ist und darüber hinaus Wohnsitz des Ministerpräsidenten Berlusconi, hoffen wir, nicht eines Morgens entdecken zu müssen, daß uns auf dem Gesims statt unserer verehrten Miezekatze, der Beschützerin aller heimatlosen Streuner Roms, ein gänzlich güldener und absolut mailändischer Telegatto entgegenblinkt.

Anmerkungen der Übersetzerin

Seite 19: *Zagor*: Held eines italienischen Comicstrips von Sergio Bonelli.

Seite 21: *La ciociara*: Roman von Alberto Moravia, verfilmt von Vittorio de Sica.

Seite 34: Merlene Ottey aus Jamaika und Stefano Tilli aus Italien waren erfolgreiche Leichtathleten in den achtziger und neunziger Jahren des 20. Jahrhunderts.

Seite 43: »Es sind alle Kreaturen ...«: aus Umberto Sabas berühmtem Gedicht »Città vecchia« *(Trieste e una donna)*.

Seite 47: Ringelreihen: so nannte man die Protestaktionen gegen Berlusconi. – Edmondo De Amicis (1846-1908): italienischer Schriftsteller, dessen sentimentaler Roman *Cuore* (1886) zu den berühmtesten italienischen Kinderbüchern zählt. – Vittorio Gassman (1922-2000): einer der berühmtesten und vielseitigsten italienischen Theater- und Filmschauspieler des 20. Jahrhunderts.

Seite 63: Via dei Volsci: Ende der siebziger Jahre Sitz des radikalsten Kollektivs der *Autonomia operaia*.

Seite 71: Goffredo Mameli (1827-1849), italienischer Dichter und Freiheitskämpfer, schrieb den Text der italienischen Nationalhymne *Fratelli d'Italia*.

Seite 83: Vittorio Gassman und Jean-Louis Trintignant spielen die Hauptrollen im Film *Il sorpasso* von Dino Risi (1962).

Seite 89: Gino Coppedè (1886-1927): berühmter römischer Jugendstilarchitekt.

Seite 93: Romanaccio: römischer Dialekt.

Seite 94f.: Paolo Sarpi (1552-1623): italienischer Physiker und Mathematiker; Annibal Caro (1507-1566): italienischer Schriftsteller; Pietro Colletta (1775-1831): italienischer Historiker; Federico Cesi (1585-1630): Begründer der Accademia dei Lincei. – Raimondo Conte di Montecuccoli (1609-1680): Kardinal und Nuntius in Österreich; Atto Vannucci (1810-1883): italienischer Literat und Historiker.

Seite 98: Bignami: Kurzfassung bekannter klassischer Werke für die Schule.

Seite 99: Palla bedeutet sowohl Kugel als auch Fußball als auch Hoden.

Seite 108: Amedeo Amadei und Giacomo Losi waren zwei der berühmtesten Fußballspieler in der Geschichte des römischen Vereins AS Roma.

Seite 127: *Telegatto*: vergoldeter Fernsehpreis von Canale 5.

Zu dieser Ausgabe

insel taschenbuch 3196: Der Text folgt der Ausgabe: *Marco Lodoli, Inseln in Rom. Streifzüge durch die Ewige Stadt.* Ausgewählt und aus dem Italienischen von Gundl Nagl. © Marco Lodoli 2003. Für die deutsche Ausgabe: © Carl Hanser Verlag München Wien 2003. Dieser Band wurde aus Glossen zusammengestellt, die Marco Lodoli von 1999 bis 2002 für die römische Ausgabe der Tageszeitung *La Repubblica* verfaßt hat. Die Übersetzerin dankt Giorgio Simonetto für Rat und Hilfe. Umschlagfoto: Alain Fleischer.

»Bella Italia!«
im insel taschenbuch

Alice Vollenweider · Bella Italia!

Unterwegs zu den
verborgenen Schönheiten Italiens
it 3192. 152 Seiten

Eva Demski · Venedig

Salon der Welt
it 3193. 128 Seiten

Franziska Wolffheim · Gardasee

Wo der Süden beginnt
it 3194. 128 Seiten

Hermann Hesse · Bilder aus der Toskana

Von Florenz bis Siena
it 3195. 160 Seiten

Marco Lodoli · Inseln in Rom

Streifzüge durch die Ewige Stadt
it 3196. 144 Seiten

*Dominique Fernandez · Neapel
und Süditalien*

it 3197. 144 Seiten

Franziska Wolffheim · Sizilien

Portraits einer Insel
it 3198. 152 Seiten

Literarische Reisebegleiter
im insel taschenbuch
Eine Auswahl

Städte

Athen. Literarische Spaziergänge. Herausgegeben von Paul
Ludwig Völzing. Mit farbigen Fotografien. it 2505. 336 Seiten

Bayreuth. Ein literarisches Porträt. Herausgegeben von
Frank Piontek und Joachim Schultz. Mit zahlreichen
Abbildungen. it 1830. 208 Seiten

Mit Brecht durch Berlin. Ein literarischer Reiseführer.
Von Michael Bienert. Mit zahlreichen Fotografien.
it 2169. 271 Seiten

Literarischer Führer Berlin. Von Fred Oberhauser und
Nicole Henneberg. Mit zahlreichen Abbildungen, Karten und
Registern. it 2177. 517 Seiten

Bremen. Literarische Spaziergänge. Von Johann-Günther
König. Mit farbigen Fotografien. it 2621. 272 Seiten

Budapest. Ein literarisches Porträt. Herausgegeben von
Wilhelm Droste, Susanne Scherrer und Kristin Schwamm.
Mit zahlreichen Fotografien. it 1801. 283 Seiten

Chicago. Porträt einer Stadt. Herausgegeben von Johann
Norbert Schmidt und Hans Peter Rodenberg. Mit farbigen
Fotografien. it 3032. 330 Seiten

Dresden. Ein Reisebuch. Herausgegeben von Katrin Nitzschke unter Mitarbeit von Reinhardt Eigenwill. Mit zahlreichen Abbildungen. it 1365. 294 Seiten

Dublin. Ein Reisebegleiter. Von Hans-Christian Oeser. Mit farbigen Fotografien. it 3114. 220 Seiten

Frankfurt. Acht literarische Spaziergänge. Von Siegfried Diehl. Mit farbigen Fotografien. it 2197. 190 Seiten

Mein Frankfurt. Von Martin Mosebach. Ausgewählt und mit einem Nachwort von Rainer Weiss. Mit Fotografien von Barbara Klemm. it 2871. 176 Seiten

Granada. Ein literarisches Porträt. Herausgegeben von Nina Koidl. Mit farbigen Fotografien. it 2635. 243 Seiten

Hamburg. Ein Städte-Lesebuch. Herausgegeben von Eckhart Kleßmann. Mit zahlreichen Abbildungen. it 1312. 305 Seiten

Heidelberg-Lesebuch. Stadt-Bilder von 1800 bis heute. Herausgegeben von Michael Buselmeier. it 913. 385 Seiten

Istanbul. Ein Reisebegleiter. Von Barbara Yurtdas. Mit farbigen Fotografien. it 3026. 313 Seiten

Der Kölner Dom. Ein literarischer Führer. Herausgegeben von Markus Klein. Mit zahlreichen Abbildungen. it 2226. 149 Seiten

Leipzig. Literarische Spaziergänge. Herausgegeben von Werner Marx. Mit farbigen Fotografien. it 2710. 222 Seiten

Lissabon. Ein Städte-Lesebuch. Herausgegeben von Ellen Heinemann. it 2106. 390 Seiten

London. Literarische Spaziergänge. Herausgegeben von Harald Raykowski. it 2554. 272 Seiten

Wolfgang Koeppen. Muß man München nicht lieben? it 2712. 160 Seiten

New York. Literarische Spaziergänge. Von Herbert Genzmer. Mit farbigen Fotografien. it 2883. 160 Seiten

Paris. Literarische Spaziergänge. Von Uwe Schultz. Mit farbigen Fotographien. it 2884. 272 Seiten.

Mit Proust durch Paris. Von Rainer Moritz. Mit zahlreichen Fotografien. it 2992. 160 Seiten.

Potsdam. Literarische Spaziergänge. Von Jochen R. Klicker. Mit farbigen Fotografien. it 2926. 416 Seiten

Rom. Ein literarisches Porträt. Herausgegeben von Michael Worbs. Mit farbigen Fotografien. it 2298. 320 Seiten

Mit Marie Luise Kaschnitz durch Rom. Herausgegeben von Iris Schnebel-Kaschnitz und Michael Marschall von Bieberstein. Mit Fotografien von Mario Clementi. it 2607. 196 Seiten

St. Petersburg. Literarische Spaziergänge. Von Ingrid Schalthöfer. Mit farbigen Fotografien. it 2833. 240 Seiten

Trier. Deutschlands älteste Stadt. Reisebuch. Herausgegeben von Michael Schroeder. Mit Fotografien von Konstantin Schroeder. it 1574. 260 Seiten

Tübingen. Ein literarischer Spaziergang. Herausgegeben von Gert Ueding. Mit zahlreichen Abbildungen. it 1246. 384 Seiten

Venedig. Ein Reisebegleiter. Herausgegeben von Doris und Arnold E. Maurer. Mit zahlreichen Fotografien.
it 3110. 190 Seiten

Weimar. Ein Reisebegleiter. Von Annette Seemann. Mit farbigen Fotografien. it 3066. 300 Seiten

Wiener Adressen. Ein kulturhistorischer Wegweiser mit Straßenplänen und Fotos von Dietmar Grieser.
it 1203. 217 Seiten

Das Wiener Kaffeehaus. Mit zahlreichen Abbildungen und Hinweisen auf Wiener Kaffeehäuser. Herausgegeben von Kurt-Jürgen Heering. it 1318. 318 Seiten

Landschaften • Länder • Kontinente

Amerika

Kalifornien. Ein Reiselesebuch. Herausgegeben von Herbert Genzmer. Mit farbigen Fotografien von Till Bartels.
it 2636. 282 Seiten

Harry Graf Kessler. Notizen über Mexiko. Herausgegeben von Alexander Ritter. Mit zahlreichen Abbildungen.
it 2176. 182 Seiten

Martin Walser/André Ficus. Die Amerikareise. Versuch, ein Gefühl zu verstehen. Mit 51 farbigen Bildern von André Ficus.
it 1243. 117 Seiten

Asien

Indien. Ein Reisebegleiter. Von Martin Kämpchen.
it 2996. 272 Seiten

Tibet. Erfahrungen auf dem Dach der Welt. Von Wilhelm Klingenberg. Mit zahlreichen Fotografien. it 1860. 198 Seiten

Deutschland

Hans Christian Andersen. Schattenbilder einer Reise in den Harz, die Sächsische Schweiz etc. etc. im Sommer 1831. Herausgegeben von Ulrich Sonnenberg. Mit zahlreichen zeitgenössischen Abbildungen. it 2818. 232 Seiten

Bodensee. Reisebuch. Herausgegeben von Dominik Jost. Mit farbigen Abbildungen. it 1490. 313 Seiten

Der Rhein. Eine Reise mit Geschichten, Gedichten und farbigen Fotografien. Herausgegeben von Helmut J. Schneider unter Mitarbeit von Michael Serrer. Mit Fotografien von Pieter Jos van Limbergen. it 1966. 206 Seiten

Die schönsten Schlösser und Burgen Deutschlands.
Ein literarischer Reisebegleiter. Herausgegeben von Joachim Schultz. Mit farbigen Fotografien von Horst und Daniel Zielske. it 2717. 256 Seiten

Schwarzwald und Oberrhein. Der literarische Führer. Herausgegeben von Hans Bender und Fred Oberhauser. Mit zahlreichen Abbildungen. it 1330. 416 Seiten

Sylt. Literarische Reisewege. Herausgegeben von Winfried Hörning. Mit zahlreichen Fotografien. it 2522. 260 Seiten

Martin Walser/André Ficus. Heimatlob. Ein Bodensee-Buch. it 645. 92 Seiten. it 2374. 96 Seiten

England

Hans-Günter Semsek. Englische Dichter und ihre Häuser. Mit farbigen Fotografien von Horst und Daniel Zielske. it 2553. 255 Seiten

Von Pub zu Pub. Eine literarische Kneipentour durch London und Südengland. Von Johann-Günther König. Mit farbigen Fotografien. it 2888. 272 Seiten

Frankreich

Das Elsaß. Ein literarischer Reisebegleiter. Herausgegeben von Emma Guntz und André Weckmann. it 2746. 256 Seiten

Französische Dichter und ihre Häuser. Von Ralf Nestmeyer. Mit farbigen Fotografien. it 3093. 250 Seiten

Mit Fontane durch Frankreich und Flandern. Herausgegeben von Otto Drude. Mit Fotografien von Christel Wollmann-Fiedler. it 2647. 144 Seiten

Wolfgang Koeppen. Reisen nach Frankreich. Mit farbigen Fotografien von Angelika Dacqmine. it 2218. 170 Seiten

Literarischer Führer Frankreich. Herausgegeben von Hans Georg Bauner. Mit zahlreichen Abbildungen und Karten.
it 2798. 624 Seiten

Provence/Côte d'Azur. Ein literarischer Reisebegleiter. Herausgegeben von Ralf Nestmeyer. it 2801. 250 Seiten

Mit Rilke durch die Provence. Herausgegeben von Irina Frowen. Mit Fotografien von Constantin Beyer.
it 2148. 126 Seiten

Griechenland

Griechenland. Ein Reisebegleiter. Herausgegeben von Danae Coulmas. Mit farbigen Fotografien. it 3024. 330 Seiten

Hugo von Hofmannsthal. Augenblicke in Griechenland. Mit farbigen Abbildungen und einem Nachwort von Hansgeorg Schmidt-Bergmann. it 2408. 125 Seiten

Erhart Kästner
- Griechische Inseln. Aufzeichnungen aus dem Jahre 1944. Nachwort von Heinrich Gremmels. it 118. 166 Seiten
- Kreta. Aufzeichnungen aus dem Jahre 1943. Nachwort von Heinrich Gremmels. it 117. 264 Seiten
- Ölberge, Weinberge. Ein Griechenland-Buch. Mit Zeichnungen von Helmut Kaulbach. it 55. 262 Seiten
- Die Stundentrommel vom heiligen Berg Athos.
  it 56. 325 Seiten

Wolfgang Koeppen. Die Erben von Salamis oder Die ernsten Griechen. Mit Fotografien. it 2401. 80 Seiten

Reisen mit Odysseus. Zu den schönsten Inseln, Küsten und Stätten des Mittelmeers. Von Ernle Bradford. it 2508. 280 Seiten

Irland

Irish Pubs. Ein Reisebegleiter durch Irland. Von Johann-Günther König. Mit farbigen Fotografien. it 3020. 315 Seiten

Italien

Dietmar Grieser. Große historische Straßen. Von der Via Appia bis zur Avus. Eine kunsthistorische Spurensuche. Mit Fotografien. it 1974. 130 Seiten

Wilhelm Heinse. Tagebuch einer Reise nach Italien. Mit einem biographischen Essay von Almut Hüfler. Herausgegeben von Christoph Schwandt. Mit zahlreichen Abbildungen. it 2869. 260 Seiten

Mit Hermann Hesse durch Italien. Ein Reisebegleiter durch Oberitalien. Herausgegeben von Volker Michels. it 1120. 215 Seiten

Harald Keller. Die Kunstlandschaften Italiens. Mit Abbildungen. it 1576. 1110 Seiten

Literarischer Führer durch Italien. Ein Insel-Reise-Lexikon. Von Doris und Arnold E. Maurer. Mit Abbildungen, Karten und Registern. it 1071. 551 Seiten

Thomas Mann in Venedig. Eine Spurensuche. Von Reinhard Pabst. Mit zahlreichen Abbildungen. it 3097. 250 Seiten

Oberitalienische Seen. Ein literarischer Reisebegleiter. Von Rainer W. Kuhnke. it 2608. 287 Seiten

Pompeji und Herculaneum. Ein Reisebegleiter. Herausgegeben von Dieter Richter. it 3099. 200 Seiten

Alberto Savinio. Capri. Eine Reiseerzählung. Übersetzt und mit einem Nachwort versehen von Martina Kempter. it 2732. 112 Seiten

Johann Gottfried Seume. Spaziergang nach Syrakus im Jahre 1802. Herausgegeben von Jörg Drews. it 2780. 455 Seiten

Sizilien. Literarisches Landschaftsbild. Herausgegeben von Ralf Nestmeyer. Mit Fotografien. it 2637. 220 Seiten

Südtirol. Ein literarisches Landschaftsbild. Herausgegeben von Dominik Jost. Mit Abbildungen. it 1317. 358 Seiten

Im Rosengarten. Eine literarische Spurensuche in Südtirol. Von Dietmar Grieser. Mit Abbildungen. it 2509. 245 Seiten

Toskana. Ein literarisches Landschaftsbild. Herausgegeben von Andreas Beyer. Mit Fotografien von Loretto Buti. it 926. 265 Seiten

Edith Wharton. Italien. Reisebilder. Mit einem Nachwort von Hanns-Josef Ortheil. Mit farbigen Abbildungen. it 2731. 224 Seiten

Österreich

Dietmar Grieser. Nachsommertraum im Salzkammergut.
Eine literarische Spurensuche. Mit Abbildungen.
it 1848. 262 Seiten

Osteuropa

Böhmen. Ein literarisches Porträt. Herausgegeben von Uta
Ackermann und Werner Fritsch. Mit farbigen Abbildungen.
it 1994. 265 Seiten

Litauen. Ein literarischer Reisebegleiter. Herausgegeben von
Claudia Sinnig. Mit farbigen Fotografien. it 2844. 317 Seiten

Johann Gottfried Seume. Mein Sommer 1805. Eine Reise ins
Baltikum, nach Rußland, Finnland und Schweden. Herausgegeben von Jörg Drews. Mit zahlreichen Abbildungen.
it 2839. 230 Seiten

Portugal

Reinhold Schneider. Portugal. Mit einem Nachwort von
Peter Berglar. Mit farbigen Abbildungen. it 2889. 250 Seiten

Schweiz

Hermann Hesse. Tessin. Betrachtungen, Gedichte und
Aquarelle des Autors. Herausgegeben und Nachwort von
Volker Michels. it 1494. 314 Seiten

Spanien

Dalís Katalonien. Ein Reisebegleiter. Von Herbert Genzmer. Mit farbigen Fotografien. it 3016. 200 Seiten

Der Jakobsweg. Ein Reisebegleiter. Von Andreas Drouve. Mit farbigen Fotografien. it 3094. 280 Seiten

Kanarische Inseln. Ein Reisebegleiter. Herausgegeben von Gregor Gumpert. it 2985. 224 Seiten

Mallorca. Ein literarisches Porträt. Herausgegeben von Sieglinde Oehrlein. Mit Fotografien. it 1931. 197 Seiten

George Sand. Ein Winter auf Mallorca. Übersetzt von Maria Dessauer. it 2102. 220 Seiten